KB167145

캐리커처의 역사

차례

Contents

캐리커처, 만화의 아버지

현대 사회에 넘쳐나는 대중매체들 중 사람과 사람 사이를 이어주는 역할을 가장 훌륭히 해내고 있는 것은 무엇일까?

우리 생활에 가장 밀접하게 자리잡은 매체는 TV다. TV는 연극과 영화(공간적·시간적 한계), 음악과 책(재료의 한계) 등의 매체가 가지고 있는 한계를 훌쩍 뛰어 넘는다. 이러한 힘은 우리로 하여금 단 한시도 TV 앞을 떠나지 못하게 만든다. 집중해서 보든, 아니면 멍하게 켜 놓은 채든 말이다.

TV는 여타 다른 매체에 비해 사람과 사람 사이를 잇는 교두보 역할을 가장 착실하게 수행하고 있는 것이다. TV를 마주대하고 있는 사람들 사이에선 어느새 색다른 감정이 싹튼다. 그것이 바로 대중들 사이에서 발생하는 '공감대'이다.

그럼 TV가 없었던 시대에는 어떻게 대중적인 공감대가 발생할 수 있었을까?

여타 예술장르에 비해 가장 먼저 사람들에게서 공감대를 불러일으킨 것은 그림이다. 그림은 다양한 형태와 방식으로 세분화됨에도 불구하고, 시대와 지역을 초월해서 그려졌고, 현재도 그려지고 있다. 그러나 그림이라는 장르에도 대중이 접근하기에 어려운 장벽이 있다. 특정 그림을 이해하기 위해서는 문화적 사회적 교양이 필요한 것이다.

그러나 조금만 더 주의를 기울여 보면, 재미난 발견을 하게 된다. 물론, 오늘날 TV와 같이 폭발적인 위력은 아니지만 대중적인 공감대를 형성시키며, 심지어 카타르시스마저 느끼게 했던 장르가 있다. 그것이 바로 '캐리커처'라는 독특한 미술장르이다.

이 책은 '대중적인 공감대'를 형성시킨 독특한 미술장르인 캐리커처의 위상을 재평가하려는 의도에서 쓰여졌다. 가급적 미술적 관점과 만화적 관점에서 고찰하였으며, 고대 그리스 로마 시대부터 1930년대까지의 유럽 캐리커처의 역사를 기술했다.

그 이유는 첫째, 캐리커처가 미술의 영역에서 늘 소외되어 순수미술과 같은 연구가 이뤄지지 않았기 때문이다. 이 책은 캐리커처의 미술적(만화적) 특성을 보여주고자 했다. 둘째, 미국의 캐리커처는 신문과 함께 발전하면서 만화적인 형태를 완성하였기에, 미술사적 가치가 유럽 캐리커처보다 뒤져 있음을 부인할 수 없기 때문이다. 셋째, 1940년대부터는 캐리커처와 카툰(유머그림) 그리고 만화의 구분이 모호해져 그 의의를 따져 논의하기가 어려워졌기 때문이다. 따라서 진정한 캐리커처의 역사는 제2차세계대전 이전으로 보아야 할 것이다.

사실, 캐리커처의 작법과 내용은 오늘날의 만화와는 거리감이 있다. 그러나 캐리커처의 역사는 만화의 역사이다. 지금의 만화가 풍자만화, 시사만화, 유머만화, 극만화로 분류되기까지 캐리커처라는 아버지가 없었다면 단연코 만화의 탄생도 요원했을 것이다.

이 책은 세 부분으로 이뤄져 있다. 먼저, '캐리커처란 무엇인가?'라는 캐리커처의 정의를 기술했고, 다음으로 '캐리커처의 역사'를 기술하였다. 특히 이 부분에서는 캐리커처 역사와 함께, 근대부터 현대까지의 캐리커처의 역할과 사회를 움직였던 실천성, 내면적 의미를 기술하였다. 마지막으로는 캐리커처와 유머만화의 차이를 설명하면서, 캐리커처가 사회를 그린 요소들을 재검토하였다.

캐리커처란 무엇인가

"캐리커처란 무엇인가?"

우리 중 대부분은 이러한 질문을 받으면, 장황한 설명을 늘어놓기보다 머릿속으로 이미지 하나쯤을 떠올릴 것이다. 그만큼 캐리커처는 우리 일상 깊숙이 자리잡고 있다.

지금 당장 TV를 켜고 신문이나 잡지를 뒤적거려 보자. TV 광고와 신문의 시사만화에는 사람을 그린 만화가 많다. 쇼 프로그램의 단골인 가수와 배우들도 있고, 구설수에 오르는 저명한 인사들, 정치인, 경제인 혹은 그 날의 톱기사를 차지한 주인공들도 있다. 물론 그 그림이 대상 인물들의 모습을 사진처럼 판 박은 것은 아니다. 때로는 같은 인물을 그렸음에도 불구하고 만화가에 따라 그 표현기법에 따라 다르고, 말하고자

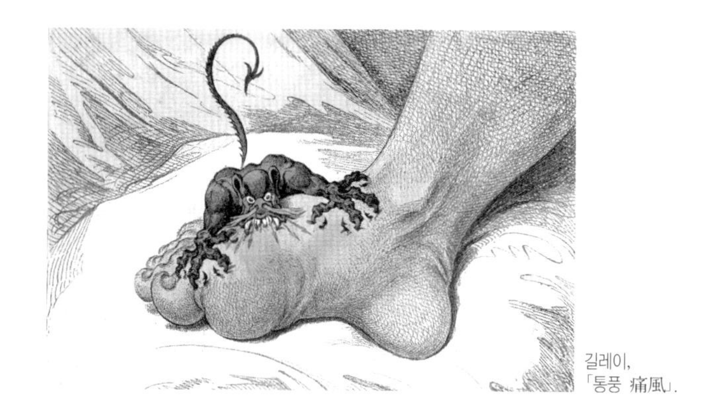

길레이,
「통풍 痛風」.

하는 주제와 의도에 따라서도 다르다.

하지만 독자는 등장인물이 누구이며 무엇을 말하고자 하는지를 쉽게 알아차린다. 캐리커처의 정의는 이처럼 누구나 느끼는 사회적 반응에서 시작한다. 달리 말하면, 캐리커처는 동일한 시간대와 동일한 공간을 함께 사는 사람들이 공유하는 공감대에 그 바탕을 두고 있다.

다시 한번 같은 질문을 던져보자! "캐리커처란 무엇인가?"

이제 역사적 기원을 따져 물어보고, 전달매체로서의 역할을 짚어보고, 또 그 예술성도 물어보자. 여기서 캐리커처는 단순한 보기와 느끼기가 아니라 '왜 이런 그림이 그려졌으며, 그 의도는 무엇인가?' '우린 과연 무엇을 보고 있으며, 어떻게 보고 혹은 어떻게 읽어야 하는가?'라는 물음의 대상이다.

일단 '캐리커처'의 사전적 정의로 시작해 보자. 우선 우리는 두 개의 단어를 구별하여 정리해 두어야 한다. 바로 '카툰'

과 '캐리커처'이다. 결론적으로 말하면 사전에 나오는 모든 개념들이 난해하고 추상적이듯, '캐리커처'와 '카툰'의 사전적 설명도 그다지 속시원하지는 않다. 특히 '카툰'은 그 발생 기원부터 '캐리커처'와 혼재된 채 발전하였기에 더욱 그러하다. 이 문제는 마지막 장까지 우리의 화두가 된다.

Caricature(명사)

1. 예술에서 인물이나 사물의 특징이나 독특한 형태를 과장하여 그로테스크하게 혹은 우스꽝스럽게 재현하는 것.

2. 원형 그대로 특징 있는 형태를 우스운 효과를 통해 과장되어진 인물화나 다른 예술적 재현.

Caricature(동사)

1. 그로테스크하게 닮게 그리는 것.

2. 풍자적으로 희화화하다.

Cartoon(명사)

당시 시대의 사건과 관련지어 그려진 그림 혹은 신문이나 정기간행물의 삽화.

Cartoon(동사)

캐리커처를 그리다. 조롱하듯 비웃다.

사전적 정의가 그다지 명확하지 않았음에도 불구하고 그 이상 설명하는 사람도 없고, 달리 정의할 만한 문구도 없다. 특히 프랑스의 18세기 문인이면서 근대 캐리커처 연구가인 『풍자예술의 역사』의 저자 샹플뢰리도 이 문구를 그대로 사용했다.

사전에 따른 '캐리커처'와 '카툰'의 정의는 별반 차이가 없어 보인다. 동사적 의미에서 '카툰'은 '캐리커처를 그리다'라는 의미가 담겨 있어, 마치 '캐리커처'를 포함하는 상위개념으로 여겨진다. 즉, '캐리커처'가 그리는 행위나 그림에 집중되었다면, '카툰'은 그리는 행위 너머의 무언가를 말하고자 하는 것처럼 보인다. 하지만 어원적으로나 시대적으로나 두 단어는 서로 친밀한 관계를 유지한다.

'캐리커처'라는 개념이 어떻게 발전하였는가를 살펴보자. 캐리커처는 라틴어의 '카리카레(caricare)'에서 나온, 이탈리아 어원 '카리카튜라(caricatura)'에 그 기원을 두고 있다. '카리카튜라'의 일반적인 의미는 '고의적으로 과장하여 닮음'으로 이해된다.

이러한 이론적 근거는 16세기 말, 이탈리아 미술가 카라치 형제에서부터 찾을 수 있다. 그들은 인물 초상화를 그리면서, 동물의 얼굴에 사람의 몸을 끼워 맞추는 방식으로 그림을 그렸다. 이렇게 캐리커처 속 인물들은 의도적으로 변형되고 장난스럽게 왜곡되었다.

17세기 이탈리아 피렌체 출신의 비평가 필립포 발디누치는 당시의 유명한 조각가며 건축장식가였던 베르니니의 그림을 보고 난 후 저술한 미술용어사전인 『토스카나 소묘사전(1681년)』에서 다음과 같이 '카리카튜라'를 설명하였다.

> 이것은 화가와 조각가들 사이에서 사용되고 있는 초상 제작의 방법을 의미하는 말로, 그리려고 하는 인물 전체의

느낌을 최대한으로 닮게 하고자 의도하는 것이다. 장난을 치기 위해, 어떤 때는 비웃기 위해서, 그들은 자신이 그리고 있는 얼굴 모양새의 결점을 과장되게 확대하고 강조한다. 그 구성비가 달라졌지만, 전체적으로 볼 때 모델 자신처럼 보이게 하는 초상화 기법을 뜻한다.

퇴퍼,
「인물관상학에세이」.

한편, 이 당시 프랑스에서는 '과장하다, 짐을 지우다'라는 의미를 가진 명사 'charge'와 현재 사용되고 있는 단어 'caricature'를 혼용하였던 것으로 보인다.

그런 의미에서 현재 사용되는 '캐리커처'는 영어식 발음이며, 실제 용어는 프랑스어 발음인 '카리카튜'가 더 적절하다. 이 단어는 1740년 발간된 한 백과사전에 처음 실렸으며, 그 후 프랑스 문학가며 철학자인 디드로는 '카리카튜'를 '상상력의 방종'으로까지 묘사하면서 '카리카튜의 과장'을 칭송했다.

> 그것은 색채와 사람 그리고 행동을 수단으로 종이나 캔버스 위에 그린 하나의 재현이다. 그 속에서 진실성과 명확히 닮음은 다만 웃음을 통해서 감동을 준다. (중략) 결국, 그것은 가능한 과장이 가장 강렬해야 한다.

한마디로 캐리커처는 '과장의 미술'로 정의할 수 있다. 이러한 '과장의 미술'은 두 가지 형식으로 발전했다. 그 하나는 이탈리아 카라치 형제의 그림처럼 유머러스하고 과장된 초상화 형태이며, 다른 하나는 18세기 런던과 19세기 파리에서 발전한 사회풍자 캐리커처이다.

사회풍자 캐리커처는 석판화의 발명으로 광범위한 대중성을 얻게 되었다. 왜냐하면 석판화는 캐리커처의 선을 더욱 세밀하게 했으며, 선명한 명암으로 캐리커처의 풍자적 내용을 더욱 생동감 있게 만들었기 때문이다.

또한 이 시대의 많은 화가들이 캐리커처 작가로 활동했다. 대표적인 화가들로 로돌프 퇴퍼, 프란시스 고야, 윌리엄 호가드, 귀스타브 도레, 오노레 도미에, 가바르니 등이다. 이들은 화가로서보다 오히려 캐리커처 작가로 더 명성을 얻었다.

캐리커처 작가이자 연속만화 컷을 사용한 초기 만화가로 인정받고 있는 로돌프 퇴퍼는 얼굴의 다양한 변형을 관상학적으로 정리한 『인물관상학 에세이(1845년)』를 출간했으며, 종교 판화가였던 귀스타브 도레는 돈키호테를 소재로 한 환상적인 판화로 많은 관심을 받았다.

캐리커처란 외형적 측면에서는 '인간형태의 과장'이며, 내용적 측면에서는 외형적 과장을 통한 시대와 사회 풍자미술이다. 그런 캐리커처의 내용적 특징을 샹플뢰리는 '시민의 절규'로 정리했다. 왜냐하면 캐리커처는 사회 혹은 민중의 삶과 직접적으로 연관된 감정을 표현하기 때문이다. 특히 19세기의 혁명과 20세기의 전쟁의 격동기에 사회적인 공감대 형성의 중요한 역할을 담당했다.

그 당시, 유럽 신문이 풍자와 표현의 자유를 요구할 때, 절대 권력이 캐리커처의 정치성을 철저하게 통제했기에, 캐리커처의 상징적 의미는 더욱 커졌다. 캐리커처에 있어, 풍자가 바로 무기라는 것은 너무나 분명한 사실이었기 때문이다.

도레, 「괴물」.

지금까지 '캐리커처'의 사전적 정의와 캐리커처 개념의 성립 과정을 살펴보았다. 이제 '캐리커처는 어떻게 만들어졌으며, 무엇을 말하고자 하는가'를 시대별로 살펴볼 차례다. 그러한 역사적 통찰을 통해서, 우리는 캐리커처의 '과장미학'과 '풍자미학'에 한층 더 접근하게 될 것이다.

그리스·로마의 캐리커처

원시 자연주의 예술

캐리커처의 개념에 대한 정의는 아직도 계속되고 있지만, 그 의의는 어느 정도 퇴색되었다고 볼 수 있다. 현대 매스미디어 사회에서는 캐리커처의 역할을 만화가 대신하고 있기 때문이다. 만화는 캐리커처의 후속개념이면서 캐리커처와 카툰을 통합하고 있는 상위개념이다. 하지만 과거로 거슬러 올라가면, 이러한 위상의 변화는 미술사의 장구한 시간만큼 변화무상했다.

명확한 캐리커처의 개념도 혹은 그 개념을 대신할 수 있는 발전된 양식이나 체계적인 형식도 갖추지 않았지만, 우리는 캐리커처의 형식적·내용적 특성을 원시 예술에서부터 찾아볼

「라스코 동굴벽화」.

수 있다.

미술의 시작을 흔히 라스코의 동굴벽화에서 찾곤 한다. 라스코 동굴의 소, 말 그림은 전형적인 원시 자연주의 경향을 보여준다. 그림 속의 소와 말을 사실과 동일시하려는 기복신앙이 지배하고 있기 때문이다. 이 같은 주제는 피그말리온 이야기에서 차용되기도 한다.

그러나 조금만 주의를 기울여 보면, 라스코 동굴벽화에서 미술적인 요소보다 역동적인 만화적 특징을 먼저 읽어낼 수 있다. 마치 현대 스냅사진을 보듯이 동물들의 동작묘사가 절묘하다. 또한 동물의 정지동작과 역동성을 효율적으로 그리기 위해, 동굴벽면의 굴곡을 철저히 이용했다는 점은 이미 제식의 차원을 넘어선다. 라스코 동굴벽화의 만화적 데생을 통해, 미술보다 만화가 먼저 고대 예술의 서막을 열었다는 것을 알 수 있다.

그리스 영웅신화와 민중연극, 미무스

그리스 예술은 그 이전의 원시 시대의 예술이 그러하듯, 종교적 의미에 바탕을 둔 집단적 예술이었다. 특히 주문이나 신탁의 일종으로 축복이나 기원을 위한 음악과 시가 주를 이룬다. 이들의 역할은 물론 공동체적인 사고관과 공감대 형성에 있었다. 누가 음악을 만들었는지, 누가 시를 읊었는지는 전혀 중요하지 않았다. 그러나 시인 호메로스의 등장으로 그리스 예술은 영웅신화로 변화한다.

상류 사회를 점유했던 무사계급의 자유분방하고 세속적인 전투행적이 모든 예술의 대상이 되었다. 당연히 이 시대의 예술은 전쟁터에서 싸우고 돌아온 무장을 위로하고 찬양하면서 그들의 영웅심리를 돋구는 것이었다. 특히 호메로스의 서사시는 이런 역사적 사실 위에 전설적인 이야기를 혼합하고, 시인의 영감을 덧붙여 만든 소설이다.

독일의 저명한 예술 사회학자 아놀드 하우저는 "그리스는 예술정책을 지배자들의 명예를 얻기 위한 수단이나 선전의 도구로 이용했을 뿐만 아니라, 민중을 현혹하는 아편으로 이용했다"고 혹평했다. 일상적인 것을 소재로 한 예술은 마치 그들 눈에는 비천하고 쓸모없는 일에 지나지 않았다.

그리스 아테네의 비극은 형식적으로 일반 대중을 위해 공연했다는 민주적 측면이 엿보이나, 그 내용이나 소재 면에서 지극히 귀족적이었다. 그들은 영웅신화나 영웅의 비극에 자신을 동일화하였으며, 비극미를 이해하는 것은 평균 이상의 교양을 지닌 고귀한 인간, 즉 귀족만이 할 수 있다고 믿었다.

그런 귀족적 비극에 반해, 민중들 사이에서는 희극적인 예술이 등장한다. 그것이 바로 그리스 민중연극 '미무스(mimus)'이다. 미무스는 고대 그리스나 로마 시대에 시장이나 개인저택에서 연출됐던 구연(口演), 곡예, 촌극을 말하는 것으로, 실생활을 취재하여 흉내와 춤으로 표출한 일종의 광대·익살극이다.

당시 미무스의 소재가 영웅신화에 비해 자유로울 수 있었던 이유는 국가로부터 아무런 지원금을 받지 않았기 때문이다. 상류층으로부터 그 어떤 간섭도 또한 어떤 지시도 따를 필요가 없었기 때문에, 직접적인 경험에 의존하면서 자유로운 희극을 발전시켰다.

그래서 미무스는 일상생활에서 가져온 주제와 인물을 토대로 하여 극을 만들었다. 무대는 자연주의적 수법으로 그린 짧은 스케치풍의 장면들로 이루어졌으며, 관중을 훈계하거나 교육하려 하기보다 단지 즐거움을 주고자 했다. 미무스는 아테네와 로마 희극은 물론, 고대 풍자미술에도 많은 영향을 주었다.

헬레니즘 예술과 로마 캐리커처의 시작, 카라칼라 조상

알렉산드로스 대왕 이후 형성된 헬레니즘 문화는 예술사의 중심을 차지한 그리스 예술 위에 동양 문화가 결합된 것이다. 이 시기에 이르러 비로소 동양 문화와 서양 문화가 교차된 혼합 문화가 만들어졌다. 이러한 문화의 의의는 상업적 그리고 예술적인 교류로 인해 종전의 경계 문화에서 공동체 문화로 이전하였다는 것이다.

그로 인해 엄격한 통일성을 지향하던 그리스 예술양식은 한층 자유로워졌다. 여전히 상류계급은 그들의 합리적·형식주의적 양식을 선호하였지만, 세속적인 예술을 지향하려는 하류계급의 성향은 한층 두드러졌다. 이 시대 하류계급 예술에 등장하는 거지, 노예, 꼽추, 알코올 중독에 걸린 늙은 여자와 같은 인물은 그리스 예술가들에 의해 창조된 젊고 아름다운 영웅의 모습과는 상반되는 이미지이다.

헬레니즘 예술 시대를 뒤이은 로마 예술은 제국의 강력한 힘으로 새로운 제국예술을 마련하였다. 제국예술의 특징은 '그리스 고전주의'와 '로마 상류계급의 문화'이다.

이 같은 제국주의 문화의 단면은 개인들에 의해 만들어진 많은 조상(彫像)에서 엿볼 수 있다. 귀족들은 자신의 집 앞에 장례나 전통을 위한 선조들의 조상을 전시하곤 했다. 그리스가 공적인 기념비로 조상을 제작했던 것과 달리, 로마의 조상 전시는(비록 귀족에 한정된 경우가 많았지만) 개인적인 목적으로 이용되었다.

한편, 로마 귀족 문화에 비해 미비하기는 하지만, 민중들 사이에서도 그들만의 독특한 문화가 발전하였다. 18세기 독일의 시인이며 비평가인 크리스토프 마르틴 빌란트는 '로마 시대에도 풍속화가, 풍경화가, 정물화가 그리고 풍자그림 혹은 조각을 제작하는 사람들이 있었다'고 전한다.

그 대표적인 예를 볼 수 있는 작품이 현재 프랑스 아비뇽 박물관에 있는 두 소상(小像)이다. 하나는 로마 황제 가이우스 카이사르(재위 37~41년)를 조각한 소상(일명, '칼리굴라의 소상')이고, 다른 하나는 마르쿠스 아우렐리우스 안토니누스 로마 황제(재위 211~217년)를 조각한 소상이다.

특히 카라칼라 소상은 캐리커처 역사에서 중요한 의의를 갖는다. 이 소상의 특징은 한 손에는 케이크 바구니를 들고, 다른 손으로 그것을 나눠주는 황제 카라칼라를 월계관을 쓴 난장이로 묘사하였다는 것이다.

211년에 동생 게타와 함께 왕위에 오른 황제 카라칼라(마르쿠스 아우렐리우스 안토니누스와 동일인물)는 아버지의 죽음 이후, 동생 게타를 죽인 후 그 측근들을 숙청했다. 이러한 황제에 대한 민중의 시선은 당연히 곱지 않았다.

카라칼라 소상.

더욱이 대형 공중목욕탕 건축에 흘린 로마시민의 피, 과다한 세금징수에 대한 로마시민들의 원성, 알렉산드리아에서 처참하게 학살당한 알렉산드리아 시민들의 조용한 분노가, 황제를 만인의 놀림거리인 기형 난쟁이로 묘사하게 한 것이다. 결국 그도 암살당했다.

카라칼라 소상에서 알 수 있듯이, 로마 풍자미술은 내면적인 정신을 표현하고자 외형적인 면을 극단적으로

로렌스 타데마,
「카라칼라와 게타」.

강조하였다. 외형적으로 사실적인 것마저 과장하고, 기괴하고, 우스꽝스럽게 그리려고 했다.

얼굴의 옆모습, 위에서 내려다 본 모습, 사지의 결합, 거친 피부, 주름살, 혈관이 나온 피부 등은 인간 군상의 나약함을 표현한다는 점에서 유머러스한 내용과 볼거리를 제공한다. 하지만 이처럼 희극적인 요소가 있다고 해서, 이것을 완성된 캐리커처라고 보기에는 부족한 점이 많다.

희화화의 전형, 인간과 동물의 결합

고전예술에도 캐리커처적 요소는 존재했다. 어떤 것들은 보이는 그대로 보편적으로 그리려 했고, 어떤 것들은 보편성을 지워버리려 애썼다. 대표적인 예가 '인간의 형태는 동물적인 형상을 가지고 타고났다'는 바탕 위에 마련된 '인간과 동물의 결합'이다. 이런 특징은 인간 행동이 동물의 그것과 면밀한 관

「프리아포스」(폼페이).

계가 있기에 더욱 타당성이 있었다.

'인간과 동물의 결합'을 다룬 우화는 이집트 파피루스에서도 발견되었다. 신체는 인간에서 빌려왔지만, 머리는 동물에서 빌려왔다. 그 그림들에는 우스꽝스럽게 보이려는 의도가 담겨 있다.

'인간과 동물의 결합'을 다룬 신화로는 그로테스크한 이집트 신 베스(베스는 사악하고 무질서한 그리스의 사티로스의 조상이기도 하다), 말과 인간의 결합인 반인반수의 켄타우로스, 인간과 염소의 결합인 목신(牧神), 남근이 뿔로 묘사된 프리아포스 등을 들 수 있다.

특히 프리아포스의 비정상적인 남근묘사는 희화적이다. 이 같은 희화성을 엿볼 수 있는 또 다른 예로는 그리스 청동상 중 원로원 집정관을 묘사한 조상이 있다. 이 조상의 형상은 쥐의 머리에 원로원의 위엄을 암시하는 복장을 하고 있다. 이 조상은 관료들의 사리사욕을 풍자하고 있다. 예나 지금이나 정치인의 허영은 변함없다.

이 같은 희화성 짙은 '인간과 동물의 결합'의 또 다른 그림은 1760년 로마 그라냐노에서 발굴된 프레스코 「도주하는 아이네이아스」이다. 이 그림에는 트로이에서 탈출하여 고대 로마를 건설했다는 아이네이아스, 안키세스 그리고 아스카니우

「도주하는 아이네이아스」.

스의 이야기가 담겨 있다. 세 사람의 머리는 개로 표현되어 있고 아이네이아스와 안키세스는 음경이 유독 크게 그려져 있고 엉덩이 뒤로 향하고 있다.

폼페이와 익살극, 피그미 이야기

로마의 풍자 캐리커처를 이해하는 데 가장 중요한 발견은 1738년 이탈리아의 한 농부에 의해서 발견된 폼페이 유적이다.

이 폼페이에는 어린이 그림동화에서나 볼 수 있음직한 군인의 모습이 있다. 이 군인은 투구를 쓰고 있고, 마치 포크와 같은 다섯 손가락에 칼로 보이는 막대기를 들고 있다. 군사지역으로 보이는 구역의 벽면에는 흑색, 흰색, 특히 적색 분필로 그려진 군인들이 있다.

한 그림을 보면, 전투에서 승리를 차지한 병사가 제단 위에서 승리를 상징하는 깃털을 들고 내려오는 장면과 인질로 보

「폼페이 분필그림」.

이는 사람이 목에 줄이 묶인 채 끌려가는 분필그림이 있다. 그러나 이 그림들은 그다지 풍자적이지 않다.

군인 삽화와 달리, 폼페이 예술에는 고대 풍자미술을 가장 잘 보여주는 난쟁이에 빗댄 한 피그미에 대한 우화를 빼놓을 수 없다. 그들은 예술가들이 가장 선호하는 캐릭터임이 분명하다. 기원전 4세기 것으로 보이는 검은 잔에는 나무 은신처로 도망가는 피그미를 쫓아가는 거대한 여자 유인원이 그려져 있다.

또한 피그미는 문학작품 혹은 생활용품에 광범위하게 패러디되었다. 먼저, 문학작품에서 볼 수 있는 피미그에 대한 소재

「피그미족과 두루미의 싸움」.

는 두루미와의 싸움을 다룬 호메로스의 피그미 이야기다. 이 이야기는 용맹하지 못한 두루미와 맞서 싸우고 있는 키 작고 초라한 피그미를 풍자하고 있다. 이같이 피그미의 신체적 결함은 진흙으로 만든 굴 속이나 두루미의 알껍데기 속에서, 심지어 새의 깃털 속에서 살았다는 이야기까지 만들어냈다.

「피그미」.

한편, 일상생활에서 접할 수 있는 피그미 이야기는 술집이나 포도주 매장에 걸려 있는 그림장식이나 카페트, 술잔 등에서 볼 수 있다.

이 같은 고대 피그미 이야기는 르네상스 이후에도 변함없이 전해졌다. 난쟁이와 꼽추를 많이 그렸던 17세기 풍속화가 자크 칼로와 18세기 화가 G.B. 티에폴로의 그림은 고대 피그미 이야기를 이어받은 예라고 할 수 있다. 그러나 이들 화가의 난쟁이 그림은 난쟁이를 비하한 내용이 아니라 그들의 예술적 재능을 다룬 것이었다.

인물 캐리커처의 시작, 그리스·로마 가면극

풍자미술이 일상적 장식물에서 벗어나 사회적 범위로 확대될 수 있도록 전기를 마련해 준 것은 바로 연극이었다. 일반 대중들에게 공공장소를 마련해 주었던 연극은 풍자미술에 많은 희극적 요소를 부여했다.

연극의 희극적 요소는 연극과 관련된 다양한 소품들에서 찾아볼 수 있다. 그런 소품들 중에서 특히 나무껍질에 인물을 그로테스크하게 과장한 가면은 풍자미술에 많은 영향을 주었다.

또한 가면은 인물의 전형화를 만들어내기도 했다. 술 취한 무례한 노예, 화난 아버지, 수다스러운 늙은 여자 등으로 묘사된 가면장식은 하층민과 풍자를 대변하는 전형적인 캐릭터였다.

가면의 극단적 과장에는 풍자적 측면과 함께 기능적 측면도 있었다. 보편적인 예로, 깔때기 모양으로 튀어나온 입은 확성기 역할을 담당했다는 것을 알 수 있다. 대부분 야외나 거대한 극장에서 연극이 이루어졌음을 볼 때, 이러한 가면의 외형은 용이한 대사 전달을 위한 것이었다.

로마 가면극의 가면.

중세 캐리커처와 종교개혁

중세 환상주의

중세 시대는 5세기부터 종교개혁이 일어난 15세기까지로 1,000년이라는 긴 기간이다. 그토록 긴 기간에도 불구하고, 중세 캐리커처의 특징은 초자연적 환상주의로 축약할 수 있다.

중세 환상주의는 중세 교회 건축에 대한 이해 없이는 불가능하다. 먼저 중세 교회 건축을 살펴보면, 상반되는 두 가지 특징을 볼 수 있다.

하나는 모자이크와 스테인드글라스로 대표되는 중세 미술의 신성함과 화려함이다. 그에 반해 교회 건축 외벽을 둘러싼 동물상과 악마상은 교회의 신성함을 땅으로 끌어내린다. 이 동물상과 악마상이 중세 환상주의의 시작과 끝이 된다.

교회 건물은 환상주의와 종교적 숭고함이 혼재된 건축물이었다. 다시 말해, 신성해야 할 교회 건축물에 전혀 종교적이지 않은, 심지어 종교의 신성함을 떨어뜨리는 부조들이 장식되었다는 것이다. 그 부조들은 대체로 가톨릭 사제를 흉내 내는 동물의 조상과 이무기 같은 악마상이었다.

「스트라스부르 성당 부조」.

당시 가톨릭 교회 주교들은 성스러운 교회예술에 이 같은 동물상과 악마상이 습격하는 것을 용납하려 들지 않았다. 주교 성 베르나르는 성 티에리 기욤에게 보내는 편지에서 교회 건물 외벽에 새긴 장식을 '기형괴물'이라고 혹평하였다.

그런 혹평에도 불구하고, 교회의 성성(聖性)과는 전혀 관계없어 보이는 독특한 중세 판타지(동물상과 악마상)가 끝없이 양산되었다.

당시의 동물부조를 볼 수 있는 스트라스부르 성당에는 바이올린을 켜는 원숭이가 있고 그 맞은편에는 발굽으로 음악책을 쥐고 있는 나귀부조가 있다. 그 외 돼지, 개와 같은 동물들이 십자가를 들고 제식행위를 하는 모습과 산양이 성경을 들고 예배를 집도하는 모습도 새겨져 있다. 이런 부조의 주제는 대부분 가톨릭 사제에 대한 패러디다.

「스트라스부르 성당 부조」.

한편, 동물부조와 함께 중세 교회 건축의 환상주의를 상징하는 정점은 '악마상'에서 볼 수 있다. 교회 정문은 대부분 경건한 성자들의 입상들이 자리를 차지하는 반면, 건물을 둘러싸는 외벽에는 괴상한 괴물상이 많다. 이들은 성당 기둥머리에 달라붙어 있고, 처마에 새처럼 둥지를 틀고 있다.

그들의 형체는 동물의 머리가 붙은 괴물과 거대한 가마솥 밑에서 불을 지피는 마귀들, 지옥에 떨어져 고통받는 사람들, 악마들이 여성을 희롱하는 모습, 창자가 터지는 체형을 받는 기사들, 사람을 삼키는 짐승들 등이다.

또한 중세 악마는 죽음의 끝에 저울을 들고 나타나는 심판자로 묘사되어 있다. 그래서 악마는 무덤 위나 무덤 안에서 자리잡고 망자를 내려다보며, 때론 깊은 잠에 빠져 있는 것처럼 조용히 세상의 심판을 기다린다. 결국 심판의 날에 악마는 모든 망자를 지옥으로 끌어당긴다. 망자의 입은 찢어지고

「동물과 인간의 결합」.

사지는 갈가리 흩어지는 고통을 경험한다.

「무거운 영혼」.

이런 심판 이야기를 다룬 것으로, 오툉 성당의 「무거운 영혼」을 들 수 있다. 이 부조는 심판자로서의 악마를 가장 잘 묘사한 부조로 손꼽힌다. 악마는 신에 대항하는 무례한 적인 동시에 냉혹한 심판자이다. 그들은 심판의 날에 인간의 영혼의 무게를 '페즈(영혼을 재는 저울)'로 잰다. 만약 영혼의 무게가 육체보다 더 무거울 경우, 어김없이 지옥행이다.

THE TEMPTATION.
「악마의 유혹」.

그 외, 가장 잘 알려진 악마 이야기는 바로 예수를 유혹하는 「악마의 유혹」이다. 단식기도중인 예수를 음식으로 유혹하는 악마 이야기다.

이 같은 악마 이야기를 다룬 부조들은 12~13세기경에는 대체로 하나의 유행처럼 만들어졌다. 심지어 네덜란드의 석공들은 무리지어 유럽을 떠돌아다니면

노트르담 사원의 악마상.

서, 교회를 신축하는 곳에서는 어김없이 이 같은 악마상(때론, 동물상)을 새겨 넣었다고 한다.

이 시기의 대표적인 교회가 프랑스 파리에 있는 '노트르담 사원'이다. '노트르담(Notre-Dame)'은 성모 마리아를 상징한다. 노트르담 사원은 1163년 개축공사를 시작으로 170년을 걸려 완공한 전형적인 고딕양식의 성당이다. 이 성당은 그 웅장함과 함께 교회 외곽을 둘러싼 악마나 이무기상이 돋보인다.

그럼 왜 신성해야 할 교회 건물에 '동물상'과 '악마상'을 장식했을까?

그것은 신성함만을 고집하던 사제들에 대한 비사제 계급 또는 직접 교회를 건축하던 장인들의 반감의 표현이었다. 그 결과, 장인들은 가톨릭 사제에 대한 패러디를 동물상으로 대신해서 표현했고, 당시의 민중적 신앙에 깔린 원죄와 단죄에 대한 표현을 악마상으로 묘사했다. 즉, 악마 이야기는 인간의 사악과 부패에 관한 우화였다.

중세 환상주의의 정점, 춤추는 죽음

악마만큼 종교적 교리를 전도하는 데 효과적인 수단은 없

「지옥으로 가는 영혼」.

었다. 또한 악마는 인간에게 가장 큰 두려움을 주었던 창조물이다. 악마는 인간에게 죄의 대가를 깨닫게 하는 동시에, 인간 마음속 깊은 곳에 둥지를 틀고 있는 죽음이라는 공포를 느끼게 만들었다.

중세 후기에는 죽음을 다룬 우화들이 유달리 많았다. 그런 우화 중 가장 널리 보급된 주제는 '춤추는 죽음(혹은 '죽음의 춤')'이었다. 이 '춤추는 죽음'은 중세 후기를 지배했던 상징이었다.

'춤추는 죽음'은 당시 중세 유럽을 황폐화시켰던 '검은 죽음(페스트)'의 반작용으로 나타났다. 페스트는 죽음에 대한 공포와 함께, 죽음은 보편적이라는 통념을 대중들에게 심어주었다. 즉, 죽음은 신의 메신저이자 처단자를 암시했다.

'춤추는 죽음'은 앞으로 다가올 재앙을 경고할 목적으로 마임이나 행위예술 그리고 교회 설교를 위한 시청각 교구로 교회 집회에서 자주 이용되었다. 결국, '춤추는 죽음'은 소름끼치는 종교적 묵시록이면서, 사회에 대한 비판과 냉소적 유머를 담고 있었다.

'춤추는 죽음'이 이토록 성행할 수 있었던 가장 큰 이유는

「죽음을 부르는 사람」.

죽음이 누구에게나 찾아오기 때문이다. 그런 의미에서 '춤추는 죽음'은 '만인평등'의 의미를 담고 있다. 고통받는 민중도, 왕도, 부자도 죽음을 막지 못한다.

인간은 '죽음이 삶의 마지막'임을 항상 잊지 않고 있다. 죽음은 반갑지도 않으며, 시간과 공간에 한정되지도 않으며, 예상하지 못하는 새에 찾아오기 때문에 그 공포는 더하다. 그래서 춤추는 죽음은 철학적이며, 보편적인 교리를 담고 있는 주제다.

여기 일정한 시간을 두고 교회종을 치는 남자가 있다. 그는 해골과 십자가가 그려진 휘장을 두르고 어두운 밤에 마을 전체를 돌아다닌다.

그는 '죽음을 부르는 사람'이다. 그의 손에는 죽음을 알리는 종과 죽음을 인도하는 제등이 들려 있다. 모든 사람들에게 이제 자신의 영혼이 몸을 떠날 것을 알리는 게 그의 소임이다.

'춤추는 죽음' 이야기의 발전은 모든 사람들에게 죽음이 다가왔음을 알리는 의식에서 시작했다. 실제로 죽음을 알리는 사람의 마을 순회는 1690년경까지 파리에서 행해졌다고 한다.

특히 '춤추는 죽음'은 죄의 사함과 구원의 염원이 담겨 있는 기도문에 가장 많이 나타나고 있다. 그런 이유는 죽음의 평등함을 강조하려는 의도도 있었지만, 저 세상으로의 소환은 신의 부름이라는 종교적 교리가 앞섰던 것으로 보인다.

「천국보다 무거운 이승」.

'춤추는 죽음' 이야기의 공통 소재는 해골이다. 그 해골의 모습은 다양하게 나타난다. 아름다운 드레스를 입은 모습을 한 해골은 길가는 노파를 유혹하고, 갑옷과 창으로 무장한 해골은 기사의 등을 창으로 찔러 죽음으로 인도하고, 사제로 분장한 해골은 아직도 할 일이 많은 장사꾼의 지게를 잡아당기고, 예수의 복장을 한 해골은 앉은뱅이를 땅에서 일으켜 세운 다음, 죽음으로 인도한다. 해골은 그 대상과 유혹의 기교를 가리지 않으며, 인간을 죽음으로 이끈다.

이렇듯 '춤추는 죽음'은 중세 후반기의 사상은 물론, 예술의 가장 지배적인 주제였다. '춤추는 죽음'은 한스 홀바인의 「춤추는 죽음」 연작을 통해서 정점에 이른다. 특히 종교개혁을 통해 전 유럽에 확산되었다. 목판 인쇄의 발명과 한스 홀바인의 「춤추는 죽음」 연작은 북유럽 근대 캐리커처 탄생의 토대를 마련했을 뿐만 아니라 종교 개혁자에게는 중요한 홍보수단이었다.

암흑의 캐리커처, 한스 홀바인의 「춤추는 죽음」

한스 홀바인은 1497년 독일의 무역도시 아우그스부르크에서 태어났다. 미술가 집안의 풍요한 미술적 환경 덕분에, 한스 홀바인은 일찍 북유럽과 이탈리아 화가들에게 매료된다. 1490년대, 교회 제단회의 목적으로 그린 「성녀의 죽음」과 「성녀의 삶」은 고전적 네덜란드 회화의 완벽함을 표현했다는 극찬을 받았다.

홀바인은 1515년부터 1525년까지의 십 년 동안, 종교적 주제는 물론, 인물 초상화에 각별한 관심을 갖기 시작한다. 1519년 가죽 무두질을 했던 남자의 미망인과 결혼을 하고, 1520년 바슬레의 시민이 된다. 1523년에 한스 홀바인은 초기 종교개혁자로 '순수복음주의' 학설을 내세웠던 위대한 인문주의자 에라스무스의 초상화를 그렸다.

에라스무스는 신앙과 지식이 결부된 내적 신앙을 추구해야 한다고 주장하면서, 대중의 미신과 사제들의 무지함, 고위 성직자와 교황의 세속성을 비판했다. 마틴 루터와 함께 종교개혁자로 꼽혔으나 1524년 루터와 다른 길을 간다. 당시 한스 홀바인은 바슬레에 불어 닥친 프로테스탄트의 세력을 통해서 종교개혁의 폭풍기를 경험하게 된다.

한스 홀바인은 인물화 작업 외에도, 많은 목판화 작업을 했다. 특히 책의 표지나 내부 삽화를 판각했는데, 마틴 루터의 독일어판 성서를 위한 목판화 연작이 바로 「춤추는 죽음」이다. 이

홀바인, 「춤추는 죽음」.

연작은 총 41편으로 되어 있다.

「춤추는 죽음」 연작은 마틴 루터의 종교개혁의 정당성을 알리는 목적에서 만들어졌다. 이 연작은 1523년부터 1526년까지 창작되었으나, 정작 출판은 1538년이 넘어서야 이뤄졌다. 연작 속의 장면들은 일상생활 주변에 죽음이 얼마나 가까이 있으며, 그 죽음이 어떻게 사람을 유혹하는지를 냉소적이면서도 희화적으로 보여준다.

내용 면에서 종교개혁에 대한 메시지를 담고 있는 교화적이라는 평가 이면에, 표현기법 면에서 세밀한 선의 기교와 그로테스크한 인물의 행동과 표정이 잘 표현되었다는 평가를 받고 있다.

특히 홀바인의 작품 중에서 미술사적으로 가장 높은 평가를 받고 있는 작품은 「무덤 속의 죽은 예수」이다. 이 작품은 종교

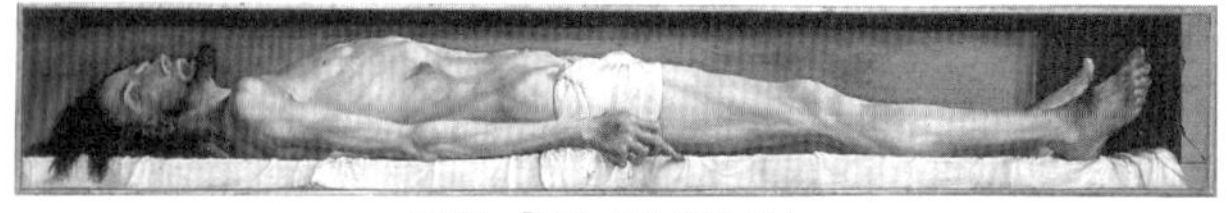
홀바인, 「무덤 속의 죽은 예수」.

개혁가 루터에 동조하기 이전인 1521년 작으로, 인간적인 예수를 앙상한 몸으로 형상화하고 있다. 이 작품에서 보이는 세속화된 예수의 몸은 홀바인의 종교관을 그대로 보여주는 것으로, 앞으로 있을 마틴 루터와의 관계를 예견하는 작품이다.

인쇄술의 발전과 종교개혁

직물류에 성자와 성서본 이미지를 인쇄했던 유럽은 13세기경, 이집트와 모로코를 통해서 중국의 종이기술이 전달되면서, 본격적인 인쇄기술의 발전을 맞이했다.

목판화 인쇄는 「춤추는 죽음」이라는 중세 환상주의 이미지를 만들어내면서, 종교개혁에 커다란 전기를 마련해 준다. 인쇄물은 이 새로운 교리의 전파에 날개를 달아주었다.

종교 논쟁이 격화되면서, 반종교주의자와 종교개혁주의자들이 창조한 다양한 이미지는 유머의 차원을 넘어서 폭력적이고 극단화되어 갔다. 목판화로 그려진 이러한 이미지의 소재는 로마 가톨릭 교황과 종교개혁자 마틴 루터가 주를 이루었다.

루터의 사상은 독일어본 성서 인쇄물을 통해서 유럽으로 퍼져가기 시작했다. 1519년 111권의 책이 독일어로 출간되었고, 1523년에는 500종에 이르는 도서가 출간되었다. 이러한 종교개혁과 관련된 도서들은 대부분 문맹이었던 일반 대중들을 사로잡기 위해, 찬송가와 캐리커처를 삽입하였다.

팸플릿을 통해서 대중들에게 전해진 캐리커처에는 교양 없

좌–「백파이프처럼 루터를 가지고 노는 악마」.
우–「지옥에 떨어지는 교황」.

는 주교, 탐욕스럽고 음란한 수도승, 일반 신도를 버리는 목자 등이 그려져 있었다. 철저한 종교개혁에 대한 선전과 기존 가톨릭에 대한 조롱이 주된 목적이었다.

루터는 가톨릭 교황의 법전을 아무 쓸모없는 것으로 묘사했고, 교황을 게걸스럽게 먹는 것을 탐하는 족속, 적그리스도라고 비난했다.

반대로, 반종교개혁자였던 에르하르트 쇼엔의 「백파이프처럼 루터를 가지고 노는 악마(1521년)」는 종교개혁자 마틴 루터를 비하하는 대표적인 그림이다. 악마에게 조종당하는 루터를 풍자함으로써, 종교개혁자들의 도덕성과 신앙성을 의심하고 있다.

반면에, 같은 연대에 루터파의 팸플릿에 있는 「지옥에 떨어지는 교황(1521년)」에는 겁에 질린 교황이 지옥으로 떨어지는 모습이 담겨 있다. 이 그림은 교황도 이미 부패하여 결국 지옥으로 떨어진다는 정치적 목적으로 제작된 종교개혁자들의 선전물이다.

당시 종교개혁 화가로 한스 홀바인과 함께 알브레이트 뒤러를 들 수 있다. 그러나 뒤러는 직접적으로 루터를 찬양하거나 종교개혁에 동조하는 그림을 그리지는 않았다. 다만 현실의 모순과 종교개혁 의지를 암시하는 감성적인 그림으로 루터를 동조했다.

홀바인과 뒤러보다 적극적인 활동을 한 루터파 캐리커처 화가는 카스 크라나흐이다. 그는 1520년대 도나우 화파의 화가로 루터의 친구이면서 절대적인 종교개혁자였다. 그의 캐리커처는 홀바인의 그것보다 내용 면에서 훨씬 잔인하다. 1580년에 그려진 한 판화에는 예수회의 수도사들이 지옥에서 화로에 구워지는 모습이 그려져 있다.

마틴 루터와 함께 자주 반종교개혁 캐리커처의 도마 위에 오른 사람은 바로 종교개혁자 장 칼뱅이다. 칼뱅은 루터보다 26년 뒤인 1509년 피카르디의 누아용에서 출생했다. 그도 루터처럼 화려한 성직자의 길이 열려 있었지만, 재정적인 문제로 아버지가 누아용교회 참사회원에서 자격이 박탈당하면서 그의 순탄했던 성직자의 길도 마감되었다.

종교개혁 전쟁이 거세지면서 순교에 대한 그림들이 생겨났다. 이중 대표적인 그림이 「칼뱅의 화형」과 「세르베토의 화형장에서 칼뱅」이다. 특히 「세르베토의 화형장에서 칼뱅」은 스페인 신학자 세르베토를 다룬 것으로, 세르베토는 기존 가톨

좌-「칼뱅의 화형」.
우-「세르베토의 화형장에서 칼뱅」.

릭 교리와 프로테스탄트의 교리를 둘 다 거부했다는 이유로 칼뱅에게 처형당했다. 칼뱅의 종교개혁에 대한 광기는 단순한 종교개혁의 수준을 넘어 파시즘적이었다. 대체 이 그림은 누구의 손을 들어주려고 그려진 것일까?

수많은 희생을 낳은 종교개혁. 과연 이득은 무엇이었을까.

그림 「교황, 루터, 칼뱅」은 교황을 사이에 둔 칼뱅과 루터의 아귀다툼을 묘사하고 있다. 칼뱅과 루터는 각각 교황의 양 귀를 잡고 있고, 루터는 칼뱅의 턱수염을 당기고 칼뱅은 성서로 루터의 머리를 내리칠 기세다.

1600년, 파리에서 발간된 이 그림은 1500년대를 휩쓴 종교전쟁이 얼마나 무지몽매하고 우스꽝스러운 밥그릇 싸움이었나를 냉혹하게 비판하고 있다.

종교개혁 시기의 캐리커처는 철저하게 종교개혁자들과 반

종교개혁자들의 선전물로 이용되었고, 그 목적은 자신들의 교리를 정당화하기 위한 정치적 수단이었다. 이런 바탕 위에서 근대 캐리커처의 내용과 표현기교는 서서히 성장하게 되었다.

「교황, 루터, 칼뱅」.

근대 캐리커처의 사회화

근대 캐리커처의 시작

근대 캐리커처를 예감하는 정치 캐리커처로 목판화 「스위스 놀이의 배후(1499년)」를 들 수 있다. 이 목판화에는 로마 교황과 황제 그리고 프랑스 국왕과 영국 국왕이 카드놀이를 하는 모습이 그려져 있다. 탁사 밑에서는 스위스 군인이 카드를 챙

「스위스 놀이의 배후」.

기고 있다.

이 풍자그림은 유럽 열강들의 틈바구니에서 영리하게도 자신의 이익만을 챙기는 스위스를 비꼬고 있다. 현대 신문의 시사만평과 매우 흡사하다.

근대 캐리커처는 두 가지 맥락으로 발전하기 시작했다. 하나는 레오나르도 다빈치와 쥐세페 아르침볼디로 이어지는 인물 형태의 변형이고, 다른 하나는 18세기 나폴레옹 전쟁과 혁명기의 모순을 다룬 풍자 캐리커처이다.

먼저, 인물 형태의 변형을 볼 수 있는 캐리커처는 「교황 고르곤(1581년)」을 들 수 있다. 이 그림은 영국 엘리자베스 여왕 시기에 제작된 것으로, 종교개혁을 승리로 이끈 영국·네덜란드·독일 프로테스탄트주의자들이 가장 선호했던 소재 중 하나다.

「교황 고르곤」.

고르곤은 그리스 신화의 메두사를 지칭했던 말로 무서운 사람 혹은 그 반대로 무능력한 사람을 의미했다. 그림 「교황 고르곤」은 교황의 무능력을 암시한다. 이 그림은 20여 가지 사물의 조합을 통해서 사람의 형상을 만들어내고 있다. 물론 멀리서 바라봐야 인물의 형태가 제대로 눈에 들어온다.

교황이 쓰고 있는 관은 교회종이 대신하고 있고, 교회종에는 두 개의 단검과 성수가 묻은 두 개의 붓이 십자가 모양으로 걸쳐져 있다. 입의 모양은 입이 벌어진 작은 주전자로 대신했다.

볼은 납작하고 둥근 접시로, 눈은 성배로 표현했다. 어깨에는 거대한 책이 장식되어 있다. 얼굴 바로 밑에는 갑자기 사람의 다리가 나온다. 다리는 그리스도의 다리를 상징한다. 그리고 그 다리는 악마를 발판으로 삼고 서 있다. 교황관 주변으로는 사악한 늑대들이 장식되어 있다.

이 모습이 바로 프로테스탄트가 본 교황의 모습이다. 「교황 고르곤」은 교황에 대한 풍자와 함께 인물에 대한 변형과 과장을 유감없이 발휘했다는 점에서 캐리커처의 형식적 특징을 가장 잘 반영한 그림이다. 특히 이 그림은 1570년대 이탈리아 매너리즘 화가였던 쥐세페 아르침볼디의 조합을 통한 인간형태의 변형이라는 그림 시리즈를 이은 것이다.

근대에 접어들면서 많은 캐리커처 판화가 소모적일 정도로 제작되었지만, 그것은 개인적으로 학습되거나 혹은 개인의 손에서 손으로 이어져 계승되었다. 때로는 그것을 인정하지 않는 사람들에 의해 숨겨졌고, 보고자 하는 사람들에게만 보였다.

여전히 교황에 대한 풍자그림이 빠지지 않았고, 한편으로 묵시록적인 주제의 그림이 나타났다. 이런 묵시록은 히에로니무스 보시의 주된 주제였다. 보시는 지옥의 악마와 악마에게 고통받는 영혼들을 섬뜩하도록 가장 잘 표현한 화가이다.

브뤼겔, 「돈 주머니와 돈 박스 사이의 전쟁」.

보시의 악마적 풍자성은 본격적으로 브뤼겔의 시대적 풍자로 이어진다. 원래 브뤼겔은 북부 리얼리즘의 전통을 따르는 풍속화가였으나, 매너리즘적 경향을 띠면서 상징주의적인 그림을 그렸다.

브뤼겔의 상징주의 경향을 보여주는 풍자그림으로 「돈 주머니와 돈 박스 사이의 전쟁」과 「큰 고기가 작은 고기를 먹다」를 들 수 있다.

브뤼겔, 「큰 고기가 작은 고기를 먹다」.

▲티치아노, 「라오콘 군상」.

라오콘 군상.▶

「돈 주머니와 돈 박스 사이의 전쟁」에서 보이는 구도와 표현기법은 보시의 경향을 따르고 있다. 하지만 이 그림은 보시의 종교적 묵시록과 달리 초기 자본주의에 대한 비판을 담고 있다는 의미에서 한층 근대화된 그림이다. 한편, 「큰 고기가 작은 고기를 먹다」는 약육강식의 논리를 은근히 꼬집고 있다. 즉, 현실적 소재에 극단적인 상징성을 부여하려는 브뤼겔의 의도를 엿볼 수 있다.

근대 초기 대표적 패러디 그림으로 티치아노가 그린 목판화 「라오콘 군상」을 들 수 있다. 라오콘 군상을 원숭이 무리로 패러디한 이 그림은 고전주의 이상과 그 이상에 순응해야 한다는 예술가의 의무에 대한 반항이다. 이 그림은 르네상스 동안 이탈리아에서 창작된 얼마 안 되는 패러디 작품 중 하나이다.

레오나르도 다빈치의 그로테스크 소묘

다빈치, 「그로테스크한 머리연구」.

르네상스 시대로 들어서면서, 화가의 사회적 지위가 격상되었다. 그 이유는 회화가 단순한 모방이 아니라 기하학과 해부학에 바탕을 둔 과학이라는 인식이 생겼기 때문이다. 또한 화가의 광범위한 인문학적 교양과 천재성이 재평가를 받기 시작했다.

그 영향으로 화가는 자신의 그림에 자화상을 끼워 넣었고, 화가가 그린 스케치 혹은 소묘가 재평가를 받기 시작했다. 초안그림, 스케치, 밑그림으로 통칭되는 화가들의 소묘는 완성된 그림이 아님에도 독자적인 가치를 가지며 보존되었다. 이것은 캐리커처의 역사에 소중한 자료가 되었다.

그런 화가들 중 으뜸은 단연코 레오나르도 다빈치이다. 다빈치는 회화를 학문이나 과학과 같은 지위로 끌어올린 장본인이다. 그는 선배 알베르티의 영향을 받아, 회화는 자연과학이며 모든 학문 위에 군림한다고 주장했다. 그 근거로 학문이 모방되어질 수 있는 것인 반면에, 예술은 학문의 바탕 위에서 개인

다빈치, 「다섯 명의 그로테스크한 머리」.

의 타고난 재능, 즉 천재성이 결합된다는 점을 들었다.

캐리커처 역사에서 그의 천재성은 단연 돋보인다. 다빈치는 고대 조상들에서 그로테스크한 형태들을 배웠고, 반인반수의 형태에서 괴물들로 가득한 판타지적인 형상들을 보았다.

특히 다빈치는 인물의 표정에서 에로틱함, 허영 그리고 음탕함을 읽어냈다. 그런 소묘그림 중 가장 기념비적인 것이 바로 작품 「다섯 명의 그로테스크한 머리(1494년)」이다.

찡그린 눈, 크게 벌린 입, 늘어진 입, 내민 입술, 말하는 입과 꼭 다문 입의 모양, 주름살 진 이마 등은 인물의 성격을 그대로 드러낸다. 즉, 고통스러워하는지, 쾌락에 기뻐하는지, 상대방을 비웃고 있는지, 심지어 성적으로 음흉한지까지 얼굴표정을 통해서 나타난다.

이같이 내적 감정의 외면적 표출은 신체의 해부와 근육에 대한 연구를 통해 가능해졌다. 해부학에 바탕을 둔 인물묘사는 다양하고 섬세한 얼굴표정을 창조해냈다. 이것이 바로 다빈치식의 '인물 판타지'이다.

이러한 다빈치의 인물 판타지는 대립적 구조를 만들어낸다.

그것은 아름다움과 추함, 젊음과 늙음, 내면과 외면, 충돌과 안정, 퇴폐함을 보여주는 육체와 신성함을 드러내려는 육체 등이다. 이런 대립적 구조는 다빈치 인물묘사의 가장 기본 요소이다. 비현실적인 것처럼 보이지만, 그런 대립적인 모습이 인간 내면의 모습이기도 하기 때문이다.

그런 점에서, 다빈치의 '그로테스크한 인물 표정'이 풍자를 의도하지 않았다 하더라도, 근대 인물 캐리커처의 밑거름이 되었다는 것은 부정할 수 없다. 많은 후계자들이 다빈치의 인물 표정을 연구했고 모방했다. 그들 중 대표적인 사람이 쥐세페 아르침볼디이다.

사물의 조합으로 캐리커처를 창조한 쥐세페 아르침볼디

르네상스와 바로크 예술의 교두보에 매너리즘이 있었다. 최초의 근대적 예술양식으로 평가받는 매너리즘은 기괴한 형상들, 공간의 불안정함, 인체 변형의 환상주의로 정리된다. 비합리적이며 자의적인 연출과 표현이 그런 매너리즘적 환상주의를 더욱 부각시킨다.

그런 요소와 함께, 매너리즘 화가들 중 캐리커처 역사에서 빠져서는 안 될 사람이 있다. 콜라주 기법을 통해 인물 변형을 시도한 쥐세페 아르침볼디이다. 그는 레오나르도 다빈치를 잇는 후계자며, 만화의 연상작용이라는 쾌거를 이룩한 화가이다.

아르침볼디, 「봄」.

아르침볼디, 「가을」.

쥐세페 아르침볼디는 1527년 이탈리아 밀라노의 한 화가 가정에서 태어났다. 22세에 화가로 데뷔한 아르침볼디는 오스트리아와 보헤미아에서 화가로 활동했으며, 밀라노 성당에서 여러 가지 스테인드글라스 디자인 작업을 했다.

아르침볼디의 인물 변형에 대한 관심은 페르디난트 1세 제국의 합스부르크 궁정 초상화가로 일하면서 시작되었다. 당시 그는 현재 루브르 미술관에 걸려 있는 연작 「사계절」을 창작하게 되는데, 이 작품들은 다양한 가상의 오브제를 통해 구성한 초상화이다. 조합의 절묘함에 경이로움을 금할 수 없다.

「봄」은 밝고 화사한 젊은 청년처럼 표현되어 있다. 알록달록 만개한 꽃들은 머리를, 하얗게 펼쳐진 꽃잎들은 고운 얼굴을, 파랗게 변하는 잡초와 풀들은 옷을 이루고 있다. 이런 표현은 충만한 봄의 에너지를 느끼게 한다. 연이은 「여름」, 「가을」 그리고 「겨울」 작품 또한 각 계절마다 느껴지는 인상을 그 계절에 맞는 사물들로 표현하고 있다.

아르침볼디는 인물의 정확한 구도와 제대로 된 형태를 표현하기 위해 인체비례와 해부학을 배웠다. 이 작업은 조합을 단지 물체의 나열이나 배열 수준이 아니라, 체계에 맞게 수치적으로 구성하는 과정이었다. 그래서 그의 그림에 나오는 인물들은 저마다 캐릭터 이미지가 살아 있는 것이다.

아르침볼디는 20세기 막스 에른스트와 같은 입체주의자들이 추구했던 조합분석미학을 수백 년이나 앞서 시도하였다는 점에서 천재적이다. 하지만 대중적이지 않다는 이유로 혹은 자연주의적이지 않다는 이유로 그에 대한 소개와 연구가 소외되어 왔다.

본격적인 캐리커처의 선구자, 카라치

레오나르도 다빈치의 인물 표정에 대한 탐험과 쥐세페 아르침볼디의 조합을 통한 인물 변형에서 한발 앞으로 나가면, 볼로니아의 카라치 형제를 만나게 된다.

아니발 카라치와 아고스티노 카라치 두 형제와 그들의 사촌 루도비코는 캐리커처의 탄생에서 중요한 의미를 가진다. 이들을 통해서 본격적인 근대 캐리커처가 시작된다.

그들의 그림은 다빈치의 그로테스크한 소묘와 달랐다. 다빈

카라치, 「성요한의 인물데생」.

치가 인물 개개인의 얼굴 표정에 몰두했다면, 카라치 형제는 거친 선으로 분별 가능한 사람의 형체를 그려냈다. 또한 일상생활에서 끄집어낸 소재에 관심을 두었다.

카라치 형제는 인물을 더욱 세밀하게 그리려고 애썼기에, 선의 반복을 통해서 인간 형체를 표현하였다. 그 세밀함 속에 인물의 외면성과 내면성이 함께 공존한다고 생각했기 때문이다. 간단한 붓 터치와 세밀한 선으로 그려진 인물은 기괴하고 생동감 있는 이미지를 보여준다.

그래서 카라치가 그린 캐리커처에서 우리는 매너리즘(기괴함)과 바로크(역동성)의 접점을 만날 수 있다. 이런 그림들을 카라치 형제는 '카리카튜라'로 명명했으며, 이것이 캐리커처 어원의 시작이 되었다.

카라치 이후, 17세기 캐리커처의 흐름

카라치 형제 이후 근대 캐리커처의 맥을 잇는 화가는 이탈리아의 건축가며 조각가인 지오바니 로렌조 베르니니다. 베르니니는 1598년 이탈리아 나폴리에서 태어났다. 로마에서 산업

예술을 배운 그는 바로크적 경향의 작품을 많이 조각했고 그렸다.

베르니니는 캐리커처에 대한 관심도 남달랐다. 1650년대 베르니니의 캐리커처는 명암이나 터치 없이 선만 사용했다. 인물은 과감하게 특징만 살렸다. 그러나 안타깝게도 현재 베르니니의 캐리커처 원판은 거의 남아 있지 않다.

그러나 카라치가 개념화하고, 그 후계자 베르니니가 이은 이탈리아의 캐리커처는 인물화에 한정되었다. 사실 캐리커처를 그리는 것은 17세기 이탈리아 화가들에게 호구지책을 위한 것이 아니었기에, 캐리커처가 많이 그려지지는 않았다.

그런 연유로 캐리커처 작업은 매우 개인적인 호기심 차원에 머물렀다. 이탈리아 바로크의 거장 티에폴로는 책임을 맡았던 궁정 장식을 위한 그림 작업 중 단순히 기분전환을 위해 캐리커처를 그리곤 했다.

이 같은 개인적인 캐리커처 작업에도 불구하고 '인간과 동물의 결합'을 다룬 캐리커처는 한층 전문화되었다. 17세기 '인간과 동물의 결합'을 볼 수 있는 인물 캐리커처로 지오바니 바티스타 브라셀리의 「다양한 형태의 이상함」과 샤를르 르 브랭의 「감정을 그리는 방법에 대한 연구」(1668)를 빼놓을 수 없다.

루브르 미술관에 보관되어 있는 브랭의 그림은 부엉이와 인간의 머리를 교합하여 만든 인물 캐리커처이다. 브랑은 다빈치의 인물 표정에 대한 연구의 범위를 넘어, 인물의 관상학적 고찰로까지 범위를 확대시킨 화가다.

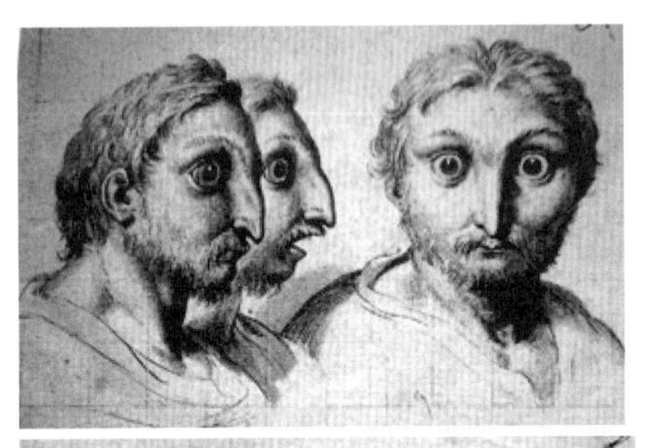

브랑, 「관상학 연구」.

한편, 17세기 유럽에서 유행했던 캐리커처 소재는 루이 14세에 관한 것이다. 하지만 현존하는 캐리커처는 별로 없다. 비록 1840년대 작품이지만, 루이 14세를 풍자한 작품으로 영국 문학가였던 윌리엄 새커레이(원래 화가를 꿈꾸었다가, 소설가로 전향했다)가 그린 「루이 14세」가 있다.

이 캐리커처는 루이 14세가 자신의 신체결함을 가발과 옷을 통해서 감추는 허영을 비꼬고 있다. 루이 14세의 평소 키는 180㎝ 정도였는데, 그중 신발이 10㎝, 가발 장식이 15㎝였다 한다. 그럼 그의 진짜 키는 얼마인가!

17세기 캐리커처를 논하는 데 있어, 빼놓지 말아야 할 캐리

새커레이,
「루이 14세」.

커처 작가는 프랑스 풍속화가 자크 칼로다. 자크 칼로는 18세기 유럽 캐리커처 화가들에게 캐리커처의 고발성을 가르쳐 준 대(大)선배이다.

17세기 프랑스 풍속화가, 자크 칼로

자크 칼로는 1592년 프랑스 낭시의 한 공작 집안에서 태어났다. 원래 로마에서 화가로 성공하는 것이 꿈이었던 칼로는 집안의 반대에 맞서, 세 번이나 집을 가출해 공부할 정도로 정열적이었다.

1608년 그는 판화가며 출판가인 필립 토마생을 통해서, 매너리즘 표현기교와 판화제작, 판화카피 기술을 배운다. 1612년부터 칼로는 플로랑스 지방에서 실질적인 화가의 경력을 쌓는다.

이 당시 칼로는 거지, 페스티벌, 꼽추 등 비일상적인 것에

칼로,
「라줄로와
쿠쿠루쿠」.

관심을 두었다. 그런 관심은 총 21점의 난쟁이를 소재로 한 에칭(동판화의 기법)작품 「다양한 인물의 카프리치」 연작에 잘 나타난다. 이 판화 연작은 17세기 메디치에서 대중적 성공을 거둔 난쟁이 연극과 발레를 소재로 한 것이다.

연작에 나오는 모든 난쟁이들은 음악 및 예술분야에 뛰어난 재능을 지녔음을 보여준다. 그러나 그들의 예술적 재능을 높이 평가하면서도, 그들의 형태를 우스꽝스럽게 표현하였다. 이러한 작품의 의의는 캐릭터를 부각시키기 위해 인물을 가공하였다는 데 있다. 「다양한 인물의 카프리치」 연작 중 「기타 치는 난쟁이」와 「라줄로와 쿠쿠루쿠」가 그 대표적인 작품들이다.

1621년 낭시로 돌아온 칼로는 1,400점이 넘는 판화와 2,000점이 넘는 인물화를 그렸다. 그러나 이때 칼로는 커다란 삶의

칼로, 「전쟁의 비참함」.

전환점을 맞이하게 된다. 바로 1618년에서 1648년까지 벌어진 30년 전쟁이다.

그 후, 칼로는 전쟁의 참상을 고발하는 그림을 그렸다. 1632년부터 1633년까지의 1년 동안 그린 연작 「전쟁의 비참함」이 대표적이다. 이 작품에는 전쟁에 참여한 군인들의 모습, 범죄를 저지르는 군인, 부상당한 군인의 모습, 종교 전쟁터에서 무고하게 희생된 일반 민중들의 참혹한 죽음 등이 그려져 있다.

칼로는 풍경화가답게 참혹한 전쟁의 광경을 파노라마 형식으로 그려 사건의 사실성을 부각시켰다. 또한 이 작품은 18세기 스페인 전쟁 때, 나폴레옹이 저지른 잔악성을 다룬 고야의 연작 「전쟁의 참화」에 바탕이 된 작품이다.

18세기, 캐리커처 세상

본격적인 캐리커처는 16세기 이탈리아 카라치 형제에 의해 시작되었지만, 18세기 초반의 캐리커처를 주도했던 곳은 영국이다. 이 당시 영국 캐리커처는 이탈리아 회화의 선의 기교와 네덜란드 회화의 사실주의 색채를 수용하면서 성장했다.

특히 영국 캐리커처는 대부분 일상생활에서 소재를 찾았다. 그런 일상적 소재는 대중들의 큰 관심을 불러일으켰다. 18세기 영국 캐리커처를 시작으로, 유럽 캐리커처는 개인예술이 아니라, 대중예술의 틀을 마련했다.

영국 캐리커처가 대중예술로 자리잡을 수 있었던 또 다른 이유는 절대군주주의에서 벗어나면서 유럽의 다른 나라에 비해 표현의 자유를 오랫동안 누렸기 때문이다. 그런 바탕 위에 대중의 요구는 한 목소리가 되었고, 캐리커처는 대중의 목소리에 부흥하여 시대를 풍자했다.

18세기 유럽 캐리커처에 중심 소재를 제공한 두 가지 역사적 사건이 있다. 하나는 1720년 영국 남해회사의 주가투기사건(일명, 남해포말사건, South Sea Bubble)이고, 또 하나는 영국 재정가 존 로의 잘못된 경제정책으로 인해 프랑스 은행경제가 몰

호가드, 「남해포말사건」.

락한 사건이다.

남해포말사건을 계기로, 영국에서는 본격적인 정치 캐리커처가 만들어지기 시작했다. 또한 윌리엄 호가드와 같은 풍속화가를 탄생시켰다. 남해포말사건이 영국에 한정된 소재였다면, 존 로에 의한 프랑스 경제의 몰락은 프랑스는 물론 전 유럽에 경제위기를 몰고 왔다.

존 로는 영국에서 살인을 저지르고 나서 암스테르담으로 도망쳐 은행경영을 공부했다. 그는 1716년 프랑스의 루이 15세에게 신임을 얻어, 프랑스 은행을 만들었다. 하지만 1720년 지폐 남발과 투기로 프랑스를 경제공황 상태로 빠뜨렸다.

존 로와 그의 잘못된 경제정책을 풍자한 그림이 많이 등장했는데, 그 대표적인 그림이 「나눠요! 나눠요!(1720년)」이다. 이 그림은 지폐를 무한정으로 나눠 갖자는 이야기로, 지폐 남발로 인해 당시 프랑스가 겪고 있는 경제적 상황을 풍자했다. 독특한 제목만큼이나, 이 그림은 윌리엄 호가드에게는 물론, 유럽의 많은 캐리커처 작가들에게 신선한 자극을 주었다.

「나눠요! 나눠요!」.

그런데 이 그림을 자세히 보면, 어디선가 본 듯하다. 이 그림은 중세 시대 '춤추는 죽음'에서 본 그림 「죽음을 부르는 사람」과 많이 닮아 있다. 돈을 나누어 주는 사람과 죽음을 알리는 사람, 이 두 사람은 결국 인간의 삶을 냉혹한 현실 혹은 내세의 지옥으로 떠민다. 모자에 꽂힌 수탉의 깃털은 프랑스 루이 가(家)의 허황된 망상을 상징하고 있다.

1730년대부터 특정 사건을 다룬 캐리커처가 지속적으로 창작되었나. 인쇄술의 발전으로 대중적 사건을 다룬 신문과 팸플릿의 출간이 증가하였기 때문이다. 그러나 정치 캐리커처가 저널리즘과 본격적으로 연합하였던 것은 아니다. 단지 사건을 다룬 캐리커처에 머물러 있었고, 정치 캐리커처는 전문 판매점을 통해서 개별적으로 판매되고 공개되었다.

그림 이야기로 세상을 풍자한 화가, 윌리엄 호가드

18세기 초반의 영국 풍속화가로 중요한 사람은 논쟁할 여지없이 윌리엄 호가드다. 그는 어려운 가정환경으로 정식으로 화가의 교육을 받지 않았지만 은 세공업이나 동판화 작업으로 예술성을 키웠다. 그는 뛰어난 조각가였으며, 다른 어떤 것보다 매개물을 잘 활용한 기능자였다.

호가드는 그다지 정치적이지 않았고, 오히려 야망이 가득한 화가 지망생이었다. 그는 투기에 미친 영국 런던 사회를 풍자한 작품 「남해포말사건」을 세기로 본격적인 풍자그림을 그리게 된다.

호가드, 「매춘부의 일대기」.

특히 유명한 연작 「매춘부의 일대기」와 연작 「난봉꾼의 일대기」는 18세기 영국 귀족의 허영과 매춘 그리고 일반인의 비참한 생활을 그린 작품들이다. 이 작품들은 시대 풍속화로, 교화적이고 시사적이다. 두 연작의 성공으로, 호가드는 명성과 부도 얻었다.

호가드는 자신의 작품을 풍자 캐리커처와 연관짓는 것을 달가워하지 않았다고 한다. 그는 자신의 작품을 근대 풍속화이며, 일상생활을 보여주는 연극과 같다고 말했다. 하지만 호가드를 단순한 풍속화가로 간주하기에는 그의 판화가 보여주는 풍자와 기교가 너무 만화적이다.

그의 풍자성을 엿볼 수 있는 작품들로는 「남해포말사건」과 전쟁을 반대했던 퓨트 백작을 옹호한 그림 「시대 풍조」, 찰스 처칠을 술 취한 곰으로 묘사한 「난폭한 사람, 처칠」 등이 있다. 이 작품들은 대부분 영국 정치와 사회의 모순을 풍자한 것들이다.

그리고 호가드의 만화적 기교를 보여주는 작품 중 대표적인 것은 연작 「유행에 따른 결혼」을 위해 사전 제작한 주문표 형식의 판화 「인물화와 풍자」이다. 또한 복잡한 구성을 보여주는 「진 거리」, 그리고 가장 만화적이라는 평가를 받는 「그림의 전쟁」을 들 수 있다.

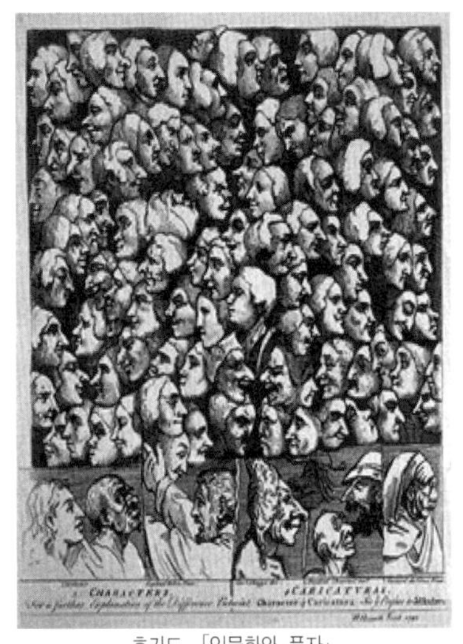
호가드, 「인물화와 풍자」.

그림 「인물화와 풍자」는 인물 캐리커처에 대한 호가드의 재능을 보여주는 수작이다. 이 그림이 바탕이 되었기에, 연작 「유행에 따른 결혼」의 등장인물들이 생동감을 가질 수 있었다. 특히 이 그림은 얼굴 관상을 통해서 인물 캐릭터를 보여주는 대표적인 작품이다.

무엇보다 호가드는 만화의 역사에 커다란 공헌을 했다. 그것은 바로 호가드가 만화의 기본요소인 '칸'를 만들었다는 것이다. 여러 연작은 칸의 연속성을 통해서 시간의 흐름과 이야기의 전개를 보여주었고, 특히 그림 「진 거리」는 한 칸 속에서 시간의 흐름을 보여준 작품이다.

이 그림에서 호가드는 구도의 통일성과 시간의 연속성을 동시다발적인 이미지로 그렸다. 그래서 한 칸이 여러 사건들로 가득 채워져 있다. 이 그림에는 정지된 시간이 아니라 가상의 시간이 흐르고 있다. 이런 기법은 도미에 또한 실현하고자

했던 것이다.

1740년부터 영국에 이탈리아풍의 풍자화가 유행하기 시작했다. 그로 인해 공장에서 제작된 것처럼 많은 그림이 난무했다고 한다. 호가드는 그런 시류를 달가워하지 않았는데, 가장 큰 이유는 이탈리아 풍자화가 너무 교양적이고 귀족적이라고 생각했기 때문이었다.

그림 「그림의 전쟁」은 아틀리에에서 무분별하게 쏟아져 나오는 그림 생산을 풍자하고 있다. 특히 이 그림은 호가드 그림 중에서 현대 만화와 가장 닮은 그림이다. 한 칸 속에 여러 그림의 틀, 즉 칸이 그려져 있다. 이러한 칸의 효과는 회화적이라기보다 지극히 만화적이다.

호가드, 「그림의 전쟁」.

18세기 영국 캐리커처 화가들

18세기 말 영국에서 호가드를 잇는 중요한 후계자는 토마스 롤랜드슨과 제임스 길레이다. 토마스 롤랜드슨이 동시대 삶을 묘사한 일상 캐리커처 작가라면, 제임스 길레이는 급진적인 정치 캐리커처 작가였다.

토마스 롤랜드슨은 일상생활에서 묻어나는 유머와 웃음에 관심을 가졌다. 그는 신랄한 감각으로 무료한 일상에 담겨 있는 인간의 나약함을 통찰했다는 평가와 함께, 호가드의 직접적인 후계자로 인정받았다.

반면, 롤랜드슨의 방대한 그림소재와 환상적인 표현기법이 간혹 불쾌하거나 혐오스럽다는 평가를 받기도 했다. 그래서 그의 유머는 냉정한 느낌도 든다.

롤랜드슨, 「춤추는 죽음」.

1816년에 그린 그림 「춤추는 죽음」은 중세 '춤추는 죽음'의 주제를 그대로 차용한 작품이다. 그러나 롤랜드슨의 「춤추는 죽음」은 중세의 그것과는 다르다. 중세의 「춤추는 죽음」이 교화적이라면, 롤랜드슨의 「춤추는 죽음」은 좀

더 감각적이며, 유머러스하다.

죽음을 상징하는 해골이 세상 위에 앉아 있다. 그리고 그의 앙상한 다리 사이에는 모래시계가 놓여 있다. 마치 자신이 이 지구의 시간과 공간을 통괄하는 그리스도, 그러나 어떻게 해야할지 몰라 고민하는 그리스도처럼 보인다.

영국 정치 캐리커처의 새로운 장을 연 작가로 제임스 길레이를 빼놓을 수 없다. 특히 제임스 길레이는 최초의 정치 전문 캐리커처 작가로 평가받고 있다. 그의 정치 캐리커처가 보여주는 시대풍자는 대선배 호가드보다 훨씬 진보적이었다.

영국 정치풍자 화가, 제임스 길레이

제임스 길레이는 1756년 런던에서 태어났다. 어려서부터 아버지의 엄격한 프로테스탄트적인 교육과 순수회화 수업으로 뛰어난 데생실력을 쌓았으나, 1785년부터 인물 캐리커처에 관심을 갖기 시작했다.

초기 그의 작품은 정치적 색채보다 인물 형태의 변형에 관심을 두었다. 하지만 영국의 정치적 변화와 경제적 위기, 특히 전 유럽에 불어 닥친 전쟁위기로 점차 정치적인 의견을 가지게 되었다.

이상적이었던 토마스 롤랜드슨과 달리, 제임스 길레이는 냉철한 정치 풍자화가였고, 또한 다양한 색채를 사용한 근대 컬러 캐리커처 화가였다. 그는 캐리커처에 의미를 분명히 전달

길레이,
「자두푸딩이
위험하다」.

하기 위해서 그림에 문구를 달았다.

또한 제임스 길레이는 1,200점이 넘는 컬러판화를 만들었는데, 대부분은 정치와 정치가를 비꼬는 악의로 가득하다. 이 같은 길레이의 정치풍자 소재는 영국 내에 머물지 않는다. 당시 영국의 적국이었던 프랑스의 나폴레옹과 프랑스 혁명을 비꼬았다. 그 소재를 다룬 그림이 작품 「프랑스 영광의 절정, 자유의 극단」이다. 이 그림은 1793년 1월 단두대에서 참수당하는 루이 16세를 그리고 있다.

길레이,
「프랑스 영광의 절정, 자유의 극단」.

길레이는 인물의 특징을 부각시키는 작업에 집중했다. 코를 크게 그린다든지, 귀를 야비하게 그리는 식으로 인물의 윤곽을 과장하여 그 인물의 성격을 드러내려 노력했다.

예를 들어 그림 「자두푸딩

이 위험하다(1805년)」는 당시 제국주의에 열이 오른 영국 수상 윌리엄 피트의 야욕을 뾰족한 코에 빗대어 풍자했다.

길레이의 캐리커처가 가진 그 같은 정치적 성향은 대중들에게 많은 호응을 얻었다. 그의 새로운 판화가 출간될 때면, 수많은 대중들이 출판사 창문 밖에 모여들곤 했다고 한다. 길레이의 정치 캐리커처에 영향을 받은 작가는 프랑스 신고전주의 화가 다비드와 스페인 풍자화가 고야 그리고 프랑스 캐리커처 작가 그랑비유이다.

특히 그랑비유는 길레이의 캐리커처 「아름다운 인형, 프랑스 제빵공이 새로운 왕들을 굽다(1806년)」를 자신의 작품 소재로 이용했다. 이 그림은 유럽을 전쟁으로 밀어 넣고, 마치 유럽이 자신의 것인 양 나눠먹기를 자행한 나폴레옹의 무례함을 풍자한 작품이다. 프랑스 혁명 이후 그랑비유는 「빵 굽는 가마(1831년)」에서 신흥자본주의 계급을 풍자하면서 이 그림의 맥을 잇고 있다.

상-「아름다운 인형, 프랑스 제빵공이 새로운 왕들을 굽다」.
하-「빵 굽는 가마」.

만화적 측면에서 본다면, 제임스 길레이는 '만화의 말풍선'을 사

길레이, 「축제」.

용한 캐리커처 작가다. 그림 「축제」 등 많은 그림에 그는 등장인물의 대사를 전달하기 위해 말풍선을 삽입했다.

18세기 유럽 캐리커처의 흐름

18세기 초 티에폴로로 시작된 이탈리아 캐리커처는 그다지 조명을 받지 못했다. 그 이유는 당시 이탈리아 캐리커처가 풍자보다 사소한 우화에 중점을 두었기에, 대중들에게 그다지 호응을 얻지 못했기 때문이다.

한편, 프랑스 혁명 이후 사회 정치적 변화는 프랑스 정치 캐리커처에 많은 영감을 주었다. 그러나 나폴레옹에 의한 검열과 통제로 정치 캐리커처가 자유롭게 발표되지 못했다. 오히려 신동정지에 뛰어난 능력을 가졌던 나폴레옹에 의해 대중을 지배하기 위한 정치수단으로 이용되었다.

도미에, 「입법부의 배」.

그러나 러시아, 영국과의 전쟁에서 잇달아 참패한 나폴레옹은 몰락의 길을 걷게 된다. 나폴레옹의 몰락은 통제되었던 프랑스 정치 캐리커처의 폭발을 가져왔다. 나폴레옹과 몰락한 정부는 프랑스 캐리커처의 적극적인 소재가 되었다.

그 당시 캐리커처와 함께 유행했던 것은 사진이었다. 사진기의 발명은 캐리커처 작가들은 물론, 문화 전반에 큰 자극을 주었다. 사진은 혁명과 전쟁으로 암울했던 도시풍경에 활기를 주었고, 캐리커처 작가에게는 소재의 다양성을 제공했다. 사진작가로 명성을 떨쳤던 나다르는 사진뿐만 아니라 캐리커처 작가로도 활동했다.

도미에, 「나다르」.

한편, 그 당시 독일과 이탈리아 캐리커처는 그다지 활발하지 않았고, 오래가지도 않았다. 다만 몇몇 잡지들이 명맥을 유지했을 뿐이다. 대표적인 잡지로 독일 뮌헨에서 발간된 주간 정치풍자 잡지 『짐플리치시무스』와 이탈리아 로마에서 출간된 정치풍자 잡지 『돈 필롱』 정도가 있다.

독일과 이탈리아와 달리, 프랑스는 정치 캐리커처와 캐리커처 잡지의 전성시대였다. 프랑스 혁명 이후 프랑스에 350개가 넘는 캐리커처 신문이 있었을 정도였다. 18세기 초 영국 캐리커처가 유럽 정치 캐리커처를 탄생시켰다면, 18세기 중반부터 19세기까지 유럽 정치 캐리커처를 주도한 것은 프랑스 캐리커처다.

이 시기를 '캐리커처의 황금기'라고 부른다. 이 당시 많은 작가들이 수많은 캐리커처를 창작했다. 그들 중 가장 대표적인 작가로는 환상주의 경향의 캐리커처 작가 프란시스 고야, 풍자만화의 아버지 오노레 도미에, 프랑스 풍자 캐리커처 작가 그랑비유와 가바르니를 들 수 있다. 18세기 유럽은 전쟁과 혁명으로 물든 암흑기였으나, 역설적이게도 정치 캐리커처의 완성기였다.

감정과 이성의 비극에서 탄생한 화가, 프란시스 고야

프란시스 고야는 1746년 3월 스페인의 푸엔데토도스의 가난한 집안에서 태어났다. 원래 고야는 야심이 컸던 화가였으나, 왕립미술학교 시험에 실패하고 만다. 그 후 고야는 이탈리아로 유학길을 떠나고, 그곳에서 벨라스케즈의 그림에 매료되었다.

그는 1775년부터 1792년 병으로 청각을 잃을 때까지 마드리드 궁정 공장에서 디자인 작업을 했다. 이 시기 고야는 사람들의 일상생활과 행동 묘사에 유달리 관심을 가졌다. 그러나 소리를 잃고난 후, 고야는 과감한 상상력과 상징성이 돋보이는 그림들을 그렸다.

대표적인 작품이 1797년의 동판화 연작 「변덕」과 「이성이 잠들면 괴물이 생긴다」이다. 연작 「변덕」은 스페인 가톨릭의 편협한 신앙과 귀족, 군인들에 대한 공격을 담고 있다. 이 작품들은 단순한 역사적 증언의 선을 넘어, 인간존재에 대한 근본적 물음을 던지고 있다.

「이성이 잠들면 괴물이 생긴다」는 고야의 상징성을 엿볼 수 있는 작품이다. 이 작품은 인간이성과 망상의 괴리에서 오는 허무를 암시하고 있다. 인간은 이성의 동물이지만, 이성이 잠들면 어김없이 망상이라는 괴물을 탄생시킨다.

고야, 「변덕」 연작.

이 같은 철학적인 고야의 그림은 나폴레옹의 스페인 침공으로 새로운 전기를 갖게 되었다. 그 후부터 고야가 보는 세상

고야, 「전쟁의 참화」.

은 현실적이고 비참한 광경들로 가득하다.

1810년부터 1814년까지 그린 동판화 연작 「전쟁의 참화」는 나폴레옹이 스페인 민중들에게 저지른 잔인성에 대한 고발이다. 어두운 색채로 무장한 고야의 그림은 더욱 침울해졌다. 이 연작은 17세기 풍속화가 자크 칼로의 연작 「전쟁의 비참함」에서 영향을 받은 것이다. 나폴레옹 군대가 가는 곳마다 고야의 그림이 깨어났다고 한다.

풍자만화의 아버지, 오노레 도미에

19세기 초 프랑스는 혼란스런 혁명기였다. 그 사회적 혼란은 캐리커처에 무궁무진한 소재를 제공했고, 풍자만화의 아버지 도미에를 만든 바탕이 되었다. 이 당시를 '도미에의 시대'

도미에, 「가르강튀아」.

라 칭할 정도로 도미에의 작품은 근대 유럽을 읽는 중요한 열쇠가 되었다. 특히 석판화를 이용한 도미에의 선과 명암은 캐리커처에 사실적 생명력을 부여했다.

가난한 화가였던 도미에는 샤르 필리퐁과의 만남으로 캐리커처 작가로서의 새로운 전환점을 맞는다. 필리퐁은 리용 출신으로 도미에처럼 가난한 캐리커처 작가였으나 1830년 풍자잡지 『카리카튀르』와 1832년 풍자잡지 『샤리바리』를 발간했다. 그의 풍자잡지 덕분에 도미에는 통쾌한 정치 캐리커처를 대중에게 선사할 수 있었다.

그 시대에 와서 언론은 완전한 자유를 누렸고, 도미에의 풍자는 더욱 날카로워졌다. 그는 1832년 『카리카튀르』에서 국왕 루이 필립을 라블레의 소설에 나오는 식욕이 왕성한 왕 가르강튀아로 풍자한 그림 「가르강튀아」를 발표했다. 배 모양을 한 국왕 루이 필립이 과다한 세금으로 민중을 착취한다. 그러나 정작 배를 불리는 자들은 고위 관직자나 국회의원들뿐이다.

도미에의 「가르강튀아」처럼, 국왕 루이 필립은 당시 정치 캐리커처의 주된 소재였다. 필리퐁도 그림 「배」에서 루이 필립의 얼굴을 '배의 형태'로 묘사했다. 배는 프랑스 속어로 '얼간이, 멍청이'라는 뜻이 있다.

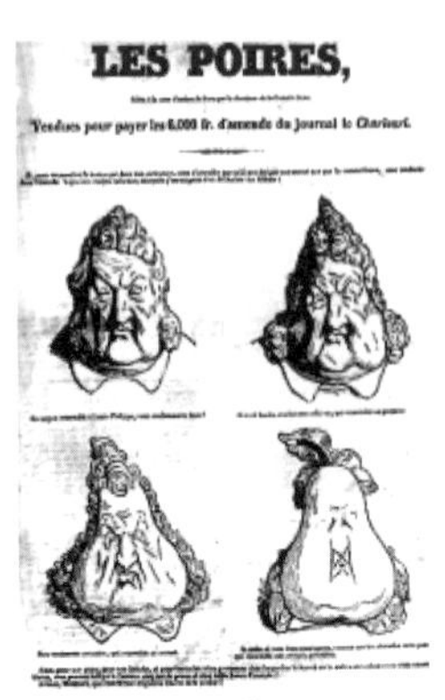
LES POIRES,

Vendues pour payer les 6,000 fr. d'amende du journal le Charivari.

필리퐁, 「배」.

도미에는 캐리커처의 효율적인 풍자를 위해 전형화된 등장인물을 창조했다. 그 인물은 라타프왈과 로베르트 마캐어이다. 라타프왈은 정치 뚜쟁이 혹은 하루살이 선동자를 의미했고, 마캐어는 대중적 멜로드라마의 등장인물로 사기꾼을 의미했다. 두 등장인물은 당시 혁명정부를 이은 부르주아를 풍자하는 데 자주 인용되었다.

도미에, 「과거, 현재. 미래」.

하지만 도미에의 행진이 항상 순탄한 것만은 아니었다. 나폴레옹 1세의 지지자들이 일명 「촛불을 끄는 덮개」를 고안해냈다. 이것은 '극단적 보수주의자들이 자유의 빛, 지식의 불을 끈다'는 의미로, 즉 언론과 표현의 자유에 대한 검열을 의미했다.

또한, 1835년에 강화된 9월 검열법이 특정한 사람과 기관을 지칭하는 것을 금함에 따라, 캐리커처는 정치성을 잃어가기 시작했다. 그러나 여전히 겉만 번지르르한 필립 정권의 불평등과 부패가 사회 전반에 도사리고 있었다.

그러나 도미에는 벌금으로 인한 가난과 표현자유의 억압, 감옥살이 등 많은 시련 속에서도 정치 캐리커처 창작을 멈추지 않았다. 그의 캐리커처는 때로는 민중들 사이에 내재된 혁명의지였으며, 때로는 시대를 통찰해내는 선구자였다.

프랑스 풍자화가, 가바르니와 그랑비유

가바르니는 제도공으로 생계를 이어갔고, 1829년 「모드」에 삽화를 연재했다. 그의 그림소재는 당시 프랑스 남자들의 속물주의와 새로운 바람, 보헤미안적 경향을 다룬 것이었다. 두 소재는 혁명 과도기의 불안전한 프랑스 사회를 보여준다.

가바르니, 「매춘부」.

섹스에 대한 남자들의 집

가바르니, 「파리의 불량소녀」.

착, 일하는 여성을 매도하는 남자들의 모습을 그렸다. 이 당시 프랑스에 만연했던 남자들의 속물주의를 보여주는 작품으로 그림 「매춘부」 등이 있다.

이 그림은 거리를 지나가는 매춘부의 엉덩이에 넋이 빠진 프랑스 신사들의 이중적인 모습을 보여준다. 당시 한 영국 문학가는 프랑스 남자를 '여자 꽁무니만 따라다니면서 영국 신사 행세를 하는 못생긴 족속이다'라고 폄하했다.

또한, 가바르니 작품은 프랑스 사회에 유행했던 보헤미안적 경향을 잘 보여준다. 이러한 보헤미안적 바람은 프랑스 혁명과 함께 나타난 낭만주의와 관련이 있다.

혁명 후, 새롭게 등장한 부르주아 계급이 귀족계급에 대한 향수를 느끼고 있을 때, 하층민들 중 특히 예술적 기질을 보유한 사람들은 좀더 무례하게 보이고 자극적인 것에 관심을 가졌고 그 관심을 행동으로 옮겼다.

예를 들면, 기이한 의상과 머리, 다듬지 않은 난잡한 수염과 의상들, 흔히 고띠에라 불리는 붉은 조끼, 남의 이목을 끌기 위해 입은 현란한 옷차림, 공격적인 욕설과 언행, 험담, 비난 등이다.

이런 현상이 당시 프랑스 젊은이들 사이에서 유행하였다고 한다. 이들을 가리켜 '젊은 프랑스'라고 불렀다. 작품 「파리의 불량소녀」는 이전의 가바르니 작품에서 보여주는 프랑스 남자들의 속물주의와는 대조적으로, 신자유주의를 예감하는 작품이다.

규제됨이 없고, 속물주의를 증오하고, 정신적으로 과장된 삶을 싫어하는 '젊은 프랑스' 파리의 한 소녀의 자유분방한 분위기를 읽어낼 수 있다.

한편, 그랑비유는 '인간과 동물의 결합'을 통해, 사회를 비판하는 정치 캐리커처와 사람들에게 웃음을 주는 유머만화를 창작한 캐리커처 화가다. 그는 1803년 프랑스 낭시에서 태어났고 본명은 장 이그나스 이시도레 제라드다. 23세에 파리로 진출하기 전까지 아버지 밑에서 미니어처 관련 일을 하면서 미술를 공부했다.
그 후, 파리에서 그랑비유는 오페라에 필요한 의상 디자인을

그랑비유, 「딸을 소개합니다」.

그랑비유, 「학교」.

했으며, 이때 잡지에 게재될 그림 작업을 할 기회를 가졌다. 그 계기로 26세였던 그랑비유는 명성을 얻게 되었고, 도미에와 함께 가장 유명한 풍자잡지 『샤리바리』와 『카리카튀르』에 풍자만화가로 참여했다.

특히 그랑비유는 흑백 캐리커처와 함께, 1828년부터 29년에 걸쳐 색채만화를 그렸는데, 그 작품이 바로 「시대풍 변신담」이다. 이 작품은 머리는 동물이고 몸은 인간인 변신(變身)을 통해 왕정복고 시대의 귀족과 부자들의 허영을 고발했다.

또한, 그는 발자크, 위고와 같은 프랑스 낭만주의 문학가의 책 삽화를 그렸다. 그 외 유명한 작품집은 「동물의 개인적인 생활광경」과 「다른 세상」 등이 있다. 특히 「동물의 개인적인 생활광경」 작품들은 아직도 판매가 되고 있다.

그랑비유는 뛰어난 재능에도 불구하고 창작생활을 오래 하지 못한 채 1847년 44세의 나이로 요절했다. 그는 18~19세기 유럽 캐리커처 작가들 중 '인물과 동물형태의 결합'을 다룬 캐리커처 대표자로 인정받는다.

캐리커처에 대한 프랑스 정부의 검열제도

프랑스 정부의 언론과 캐리커처에 대한 검열은 혁명 이전으로 거슬러 올라간다. 당시 '국가의 평화와 일반적인 선(善) 그리고 종교와 순수 노덕성에 유해하다'는 이유로 검열추진은 정당화되었다.

1789년 프랑스 부르주아 혁명 후에 세워진 혁명 정부는 자유, 평등, 박애의 기치를 내걸고, 이념과 의사전달의 자유를 인간의 가장 기본적인 권리로 인정했다.

풍자잡지, 『카리카튀르』.

그러나 그런 언론의 자유도 캐리커처에게만은 오래가지 않았다. 1789년 7월 31일 캐리커처에 대한 검열이 파리에서 다시 시작되었다. 1792년에는 많은 정치 캐리커처 발행자들이 처형당하기도 했다. 결국 1811년에는 350개에 달하던 파리 신문이 겨우 4개밖에 남지 않았다.

이 당시 출간 가능한 신문·잡지는 공적인 혹은 교육적인 내용이어야 했다. 정치적인 내용은 금지되었다. 이 시기가 바로 나폴레옹 집정기였고, 이런 현상은 그가 전쟁에서 대패했던 1814년까지 이어졌다.

한편, 1830년대 루이 필립 집정기에 이르러 검열정책은 조금 둔화되었다. 이 당시 발간된 풍자잡지가 도미에와 그랑비유, 필리퐁이 참여했던 『카리카튀르』와 『샤리바리』이다.

이 당시 프랑스 정치 캐리커처는 군주정치와 민주주의 발생을 아주 강렬하게 기술했다는 평가를 받는다. 특히 두 잡지에 실린 강렬한 풍자 캐리커처는 인쇄된 글보다 훨씬 더 강한 힘으로 기존 체제에 대항하는 거대한 위협이었다. 풍자신문의 힘이 이렇듯 커지자, 프랑스 정부는 냉혹하고 체계적으로 대중매체를 탄압하기 시작했다. 많은 프랑스 캐리커처 화가들은 정부의 강압적인 검열을 피할 수가 없었다.

캐리커처 화가들과 출판 편집자들은 감옥에 투옥되었으며, 신문과 잡지는 몰수당했다. 특히 그들에게 부과된 벌금은 더욱 그들을 비참하게 했다. 판화 판매를 할 수 없었던 저항 화가들은 빚더미 속에서 살아야 했다.

결국 1835년 7월 28일 혁명 기념일에 국왕이 습격당하는 사건이 발생하자, 그 사건을 빌미로 정부는 '반란 예비죄'를 신설하고 '9월법'을 공포하여 검열을 더욱 강화하였다. 하지만 국왕 습격범은 경찰이 발표했던 공화주의자가 아니라 비밀경찰로, 습격사건은 조작극이었음이 드러났지만, 여전히 캐리커처에 대한 검열은 지속되었다.

이로 인해 모든 정치풍자가 금지되었고, 필리퐁과 도미에가 활약했던 풍자잡지 『카리카튀르』도 과중한 벌금을 이기지 못하고 폐간되었다. 그 후에도 프랑스에서 검열제도는 여러 차례 변화를 겪은 후 1881년 완전히 사라졌다.

19세기 유럽 캐리커처의 흐름

19세기 영국 캐리커처의 흐름은 1841년 유머그림 작가 존 리치가 창간한 『펀치』가 주도하고 있었다. 『펀치』는 영국의 『샤리바리』라는 기치 아래 창간되었지만 풍자성 짙은 캐리커처보다는 유머스러운 그림을 싣는 잡지였다. 이 시대의 유머그림은 현재 '카툰'이라 불리는 장르의 시작이다.

존 리치.

한편 존 리치는 빅토리아 시대 이전의 조잡한 영국 캐리커처를 정교하게 다듬은 교정자였다. 그러나 디킨즈는 존 리치에 대해 '그의 작품은 영국신사에 대한 묘사뿐이다'라고 혹평하면서, 캐리커처 작가로서의 그의 계급의식을 의심했다. 사실 존 리치는 캐리커처 작가가 아니라 유머그림 작가였다.

19세기 영국 캐리커처를 주도했던 『펀치』는 그 흥행성으로 인해 캐리커처 역사에서 과대평가를 받았다. 그러나 영국 캐리커처에는 정치성이 거의 배제되어 있었다. 또한 제임스 길레이와 도미에와 같은 정치 캐리커처 작가도 없었다. 다만 존 터니엘, 해리 퍼니스, 찰스 키느, 필 메이와 같은 유머 작가들이 대부분이었다.

그 이유는 상대적으로 다른 유럽 국가에 비해 정치·사회적 분위기가 안정되어 있었기 때문이다. 그래서 영국 캐리커처는 풍자 캐리커처가 아닌 유머그림과 문학작품의 삽화로 발전하였고 많은 캐리커처 작가들이 삽화가로 활동하였다. 당시 유명했던 삽화가로는 「이상한 나라의 앨리스」를 그린 테니엘과 「살로메」를 그린 비어즐리이다. 두 작가는 판타지 세계를 가장 잘 표현했다는 평가를 받고 있다.

유머잡지 『펀치』.

비어즐리, 「살로메」.

한편, 아르누보 경향을 보여주는 비어즐리의 「살로메」 연작은 주목할 만한 작품이다. 일본 색채판화 우키요에(浮世繪)의 영향을 받은 비어즐리의 그림은 장식적이고 유려한 선으로 효과를 냈는데, 당시 빅토리아 미술가들에게 신선한 자극을 주었다.

비어즐리의 그림은 풍자와는 연관이 없지만, 마치 현대 만화와 같은 색다른 캐리커처의 재미를 준다. 그것이 바로 에로틱 연작 「리시스트라타」이다. 이 그림에는 과장된 성기묘사, 변태적인 성적 행위, 여성의 에로틱한 나체, 유머러스한 성적 행동 등이 묘사되어 있다.

비어즐리, 「리시스트라타」.

이 당시 일본의 색채판화 우키요에는 전 유럽에 큰 영향을 주었다. 19세기 도미에, 마네, 고야 등 많은 화가들도 일본 판화의 동양적 환상에 큰 영향을 받았다. 그중 우키요에의 현란한 색채와 만화적 인물선에 매료된 작가가 현대 '포스터 예술'을 이룩한 툴루즈 로트렉이다. 로트렉의 그림은 회화라기보다는 캐리커처라 할 수 있다.

한편, 1896년 독일에서 창간된 정치잡지 『짐플리치시무스』는 독일 캐리커처의 발판이 되었다. 창간 초기에 이 잡지는 영국의 비어즐리의 영향으로 아르누보적 그림이 눈에 띄었으나, 이런 새로운 시도는 '점잔 빼는 아르누보'의 틀을 벗어나지 못했다는 비난을 받았다.

20세기, 세계 전쟁과 캐리커처

1914년과 1939년에 발발한 제1·2차세계대전은 전 유럽을 암흑에 빠뜨렸다. 그러나 역설적으로 전쟁의 참혹함으로 인해 캐리커처는 질적·양적으로 성장하였다. 또한 유럽 캐리커처는 점차 잃어가던 풍자성를 되찾게 되었다. 많은 화가들이 전쟁과 히틀러를 반대하는 그림과 캐리커처를 그렸다. 그러나 풍자의 열정만큼이나 캐리커처 작가들의 고통도 더해갔다.

영국 유머잡지 『펀치』에 합류했던 캐리커처 작가 데이비드 로우가 1936년에 그린 「일상적인 저녁」은 히틀러의 무자비한 유대인 학살을 풍자한 그림이다. 히틀러에게 학살은 마치 저녁상을 받는 일만큼이나 일상이 되어버렸다. 산더미를 이루고 있는 무능한 리더들을 밟고 오르는 히틀러의 발걸음에 경쾌함

데이비드 로우, 「일상적인 저녁」.

마저 느껴진다.

한편, 20세기 영국 캐리커처를 주도한 작가는 제랄드 스카프, 랄프 스테드만, 오스베르트 랜카스터 그리고 마크 복서이다. 하지만 이들은 상대적으로 전쟁의 피해가 적었던 영국에 살았기 때문인지, 전 유럽이 전쟁의 소용돌이에 휘말렸던 20세기 초반에도 전쟁과 나치를 다룬 풍자그림보다 일상적인 유머그림을 많이 그렸다.

유머그림이 유행했던 영국과 달리, 전쟁의 발발국이었던 독일에서는 풍자 캐리커처들이 성행했다. 그 내용도 단순한 사회풍자나 고발을 넘어 나치 제국에 대한 반역과 체제전복이 주를 이루었다.

정치 캐리커처가 과격해질수록 나치의 탄압도 더욱 거셌지만 정치 캐리커처의 풍자를 막을 수 없었다. 캐리커처는 갈수록 선전을 위한 목적으로 사용되었다.

선전, 선동을 위해서 캐리커처는 다양한 기교를 찾았다. 이전의 캐리커처가 회화적이었다면, 이 이후의 캐리커처는 만화

랜카스터, 「수다」.

적 형태를 갖추기 시작했다. 명암이나 색채는 과감히 생략되고 선으로 모든 것을 표현했다. 또한 사진과 캐리커처가 한 작품에 혼합되었다. 그 결과, 무엇이 미술이고 무엇이 캐리커처인지 구별할 수도 없었으며, 애써 구별할 이유도 없었다.

그 선상에 반나치주의 만화가 조지 그로츠와 포토몽타주를 통한 풍자로 히틀러에 대항했던 존 하트필더가 있다. 현대 캐리커처는 이 두 작가를 통해 정립되고, 동시에 '진정한' 캐리커처의 역사는 막을 내린다. 그 이후의 모든 캐리커처는 '만화'로 정의되기 때문이다.

혁명을 그린 만화가, 조지 그로츠

조지 그로츠는 1893년 독일의 베를린에서 태어난 독일의 화가이자 만화가이다. 원래 이름은 게오르그 그로스였으나, 독일 나치주의에 대한 저항의 상징으로, 절친한 친구이며 다다의 동맹자였던 존 하트필더와 함께 이름을 바꿨다.

그는 스무 살이 되기 전에 첫 번째 데생집을 출간할 정도로 데생 실력이 뛰어났다. 그러나 정규 학교의 아카데미적인 미술교육에 실망을 느끼고는 크로키와 캐리커처에 열정을 쏟았다. 특히 정치잡지 『짐플리치시무스』의 영향을 받아, 캐리커처의 정치성에 눈을 뜨게 되었다.

Was heißt Reparationsschuld — ich werde mir doch nicht den Sitz unterm Arsch wegziehen lassen!

그로츠, 「꿈쩍도 하나 봐라!」.

제1차세계대전의 발발은 조지 그로츠에게 폭약고나 다름없었다. 이후, 그는 전쟁과 군대에 대한 환멸을 그림으로 표현했다. 1916년 다다주의의 결성을 계기로, 그로츠의 그림은 더욱 반종교적이고 반군국주의적인 성향을 띠게 되며, 풍자는 더욱 강렬해졌다

결국 1918년, 그로츠는 소비에트 혁명을 옹호하고 독일 공산당에 가입하였다. 이때부터 그로츠는 반국군주의 성향을 넘어, 마르크스주의에 입각한 노동자 혁명를 주장했다. 1930년 초까지 그로츠는 전제군국주의 체제에 대한 전복을 선동하는 작가이자 혁명가로 활동했다.

그러나 히틀러가 수상으로 임명되기 2년 전인 1932년, 조지 그로츠는 나치 당국의 탄압을 피해 미국으로 망명하였다. 그 후 미국 뉴욕 예술학교에서 학생을 가르쳤다. 죽기 몇 주 전에 베를린으로 돌아온 그는 1959년 6월 한 아파트에서 혼

자 숨을 거두었다.

조지 그로츠가 미국에서 지내는 동안 그린 말년의 작품에서는 그 어떤 정치적 메시지도 찾을 수 없지만, 그의 캐리커처는 현대 시사만화의 완성으로 인정받고 있다. 아직도 독일 학교에서는 1918년부터 1933년까지 그려진 그로츠의 그림으로 독일 역사를 가르치고 있다. 조지 그로츠는 마지막 캐리커처 화가이다.

그로츠, 「살인의 시대」.

포토몽타주를 통한 반나치 캐리커처 사진가, 존 하트필더

조지 그로츠와 함께 독일 캐리커처를 완성시킨 작가는 존 하트필더이다. 그는 그림이 아닌 사진을 통해서 독특한 캐리커처를 완성하였다.

존 하트필더(본명, 헬무트 헤르츠펠트)는 1891년 독일 베를린 슈마겐도르프에서 태어났고, 당시의 표현주의, 큐비즘, 미래주의가 이끄는 근대 예술운동을 경험했다.

존 하트필더는 독일 응용예술학교에서 배운 미술과 인쇄업에서 쌓은 실습을 바탕으로 대중적인 광고제작의 기법들을 배웠다. 1916년 친구 조지 그로츠와 함께 다다주의에 참여하고, 1918년에는 독일공산주의에도 가입한다.

히틀러 집권 이후, 하트필더는 다른 동료들과 함께 몇 개의 반나치 잡지를 창간한다. 그 잡지를 통해 히틀러와 군국주의를 꼬집는 풍자화를 발표하였다. 작품 「슈퍼맨 히틀러」는 히틀러를 자본주의의 속물근성에 물든 사람으로 묘사하고 있다. 그의 오장과 골격이 동전과 지폐로 이루어져 있다. 나치즘과 군국주의의 본질을 표현한 것이다.

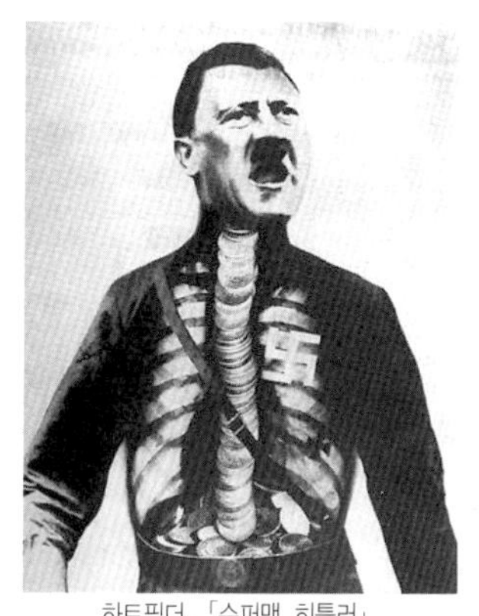

하트필더, 「슈퍼맨 히틀러」.

완전주의자 하트필더가 보는 세상은 도식적이다. 적과 나, 지배계급과 피지배계급, 공산주의와 나치주의 등과 같이 그에게 세상은 정치적이어야 하고 비타협적이야 했다. 그 같은 도식화로 인해 하트필더의 캐리커처 사진은 상징적 의미가 가득하지만 말하고자 하는 바도 매우 분명하다.

하트필더는 캐리커처 사진을 만들기 위해 포토몽타주 기교를 사용했다. 포토몽타주 기교는 잡지, 사진, 신문 등을 오려서 붙이거나, 그 위에 그림을 그리고 사진을 다시 붙이는 방식이다. 이러한 복잡한 방식에는 오브제를 통한 연상작용을 유도하려는 의도가 담겨 있다.

포토몽타주 기법으로 그린 캐리커처 사진은 사진의 사실성에서 벗어나, 콜라주 기법을 통해 변형된 새로운 장르를 보여

하트필더, 「중세와 같은」.

주고 있다.

현대 캐리커처에서 포토몽타주는 매우 중요한 의미를 갖는다. 최초의 '정치 캐리커처 사진'이라는 점과 고대부터 현대까지 이어져 온 '인간형체의 변형'이라는 주제를 완성시켰다는 점 때문이다. 이런 기법은 현대 시사만화나 광고에서 가장 많이 이용하는 방식 중 하나이다. 그런 의미에서 하트필더는 20세기 최초의 캐리커처 사진작가이다.

사회를 그린 만화, 캐리커처

웃음과 유머그림

캐리커처와 유머그림은 어떻게 다를까?

캐리커처와 유머그림(카툰)이 이미 만화로 통합되어버린 지금, 이 둘을 애써 구분한다는 것이 무의미할지 모르지만, 캐리커처의 사회적 역할을 정의하는 데 있어 그 질문의 답은 매우 중요하다.

부시 패러디 카드.

캐리커처와 유머그림의 교집합

테일러J.W, 「무제」.

은 웃음이다. 웃음의 발전은 결국, 캐리커처와 유머 그림의 발전이다. 『유머예술의 역사』의 저자 미셸 라공은 '웃음은 진보의 역사다'라고 정의했다. 그 이유로 그는 웃음은 다양한 시대, 다양한 나라, 그리고 다양한 사회적 계층을 통합하는 미스터리한 역할을 담당하기 때문이라고 설명했다.

웃음은 가장 본능적이다. 그래서 웃음은 시대와 공간, 계층과 연령을 따지지 않는다. 웃음은 인간 감정의 가장 보편적인 특성이다. 그러나 웃음의 종류는 다양하다. 비대한 웃음, 큰 웃음, 외설스러운 웃음, 냉소적인 웃음, 비꼬는 웃음, 거친 웃음, 노골적인 웃음, 놀라운 웃음, 마취상태 같은 웃음, 무례한 웃음, 속물스런 웃음, 잘난 체하는 웃음 등, 웃는 모습도 무궁무진하고 그 의미도 다양하다. 인간의 다양한 성격처럼 모든 웃음마다 다른 이름을 붙일 수 있을 정도다.

그러나 우리가 일반적으로 말하는 웃음은 기대하지 못했던 비일상적인 의외로움에서 나온다. 철학자 베르그송은 '웃음은 어색함에서 나온다'고 했나. 예를 늘어, 길을 지나던 한 여자가 넘어지면서 치마가 뒤집어졌다면, 주변의 모든 사람들은 웃을 것이다. 하지만 만약 그 여자가 교통 사고의 상황에서 그렇게 되었다면 웃음이 나올까. 혹은 맹인이 계단을 헛디뎌 넘어졌을 때 웃음이 나오겠는가.

강일구, 「비밀의 한계」.

웃음은 캐리커처와 유머그림을 보는 이유 중 하나이다. 그러나 웃음으로 무장한 유머는 간혹 난해하다. 왜냐하면 '웃는다'는 일차적 감정 너머에 있는 무언가를 생각해야 하기 때문이다. 이러한 유머의 추상성을 폴 발레리는 '유머는 억지로 해석할 수 없는 말이다'라고 표현했고, 프로이트는 '유머는 자유로움일 뿐만 아니라 숭고함이나 교양이다'라고 칭송했다.

다시 말해 시간과 공간의 한계, 계급 간의 한계, 지식 정도의 한계를 초월하는 유머는 없다. 고대의 유머그림은 현대 사람들이 쉽사리 이해하기 힘들고, 동양의 유머그림은 서양 사람에게 쉽게 이해되지 않으며, 노동자의 유머그림을 자본가는 이해하려 하지 않고, 지식인의 유머그림을 유치원생이 이해할 수 없다.

캐리커처는 사회·계급적 의식이 발전한 유머그림이다. 유머그림이 감상자의 입장(혹은 지위, 환경)에 따라 받아들이는 수용미학적 특성을 갖추었다면, 캐리커처는 창작자와 감상자 사이에 보이지 않는 의사전달을 통해서 계급적 동일성을 유도한다.

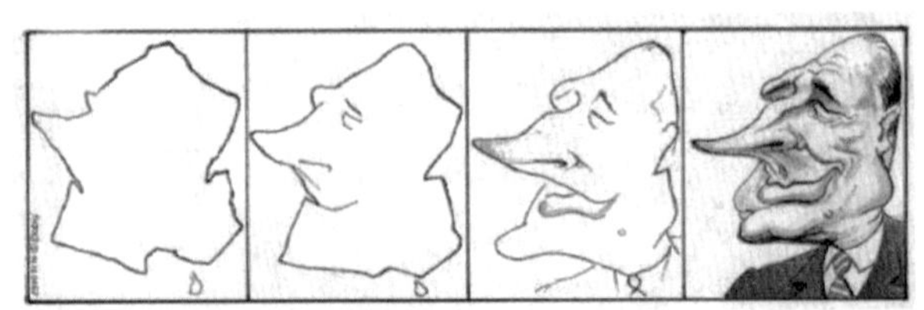

「프랑스 지도와 자크 시락」.

사회를 그린 만화, 캐리커처

근대 유럽의 캐리커처를 보면 단순한 웃음(혹은 유머)과 풍자 사이에 얼마나 긴 틈이 존재하는지를 알 수 있다.

유머그림이 의도적으로 익살을 떨려고 애쓸 때, 캐리커처는 사회적 고통을 경험한다. 그 고통의 바탕 위에 존재했기에, 캐리커처가 풍자예술의 마지막 정점이라는 평가를 받는다.

유머그림이 우화적(혹은 상징적) 요소를 담고 있다면, 캐리커처는 사건에 대한 보고적(혹은 구체적) 요소에 근거하고 있다. 그렇기에 캐리커처는 전달하고자 하는 창작자의 의도와 사상이 그대로 드러날 뿐만 아니라 감상자를 억지로 웃게 만들거나 반강제적으로 생각하게 만들려고 하지 않는다. 그럼에도 불구하고 캐리커처는 '대중적인 어법(뉘앙스)'을 포함하고 있다.

수많은 캐리커처의 주 소재는 결국 인간이 구성하면서 인간을 둘러싸고 있는 사회로 귀착된다. 하지만 그 관점은 매우 비판적이다. 그런 관점에서 예술적인 흥미보다 역사적 가치평가에 비중을 두는 것이 바로 캐리커처의 의무이기도 하다.

이 미묘한 차이가 유머그림과 캐리커처를 구분하는 중요한 핵심이다. 그렇다고 유머그림의 은근한 풍자적 색채를 완전히 무시해서는 안 된다. 두 장르 모두 사회적 공감대에 기반을 둔다는 점에서 두 장르에는 미묘한 접점도 존재한다.

벤자민, 「빅토르 위고」.

결론적으로 우리는 풍자 캐리커처를 보고 웃거나 통쾌함을 느끼며 카타르시스를 느끼게 된다. 물론, 그것은 캐리커처 작가가 의도한 바이기도 하다. 이것이 바로 캐리커처의 사회적 역할이다. 사회에 의해서 창조된 캐리커처는 사회를 위해 자신의 이데올로기를 전달한다. 결국 사회와 인간 속에서만 캐리커처는 존재 의미가 있다. '풍자미술'로서 말이다.

안타까운 점은 캐리커처가 풍자미술의 결정체임에도 불구하고 그 의미가 퇴색되었다는 것과 현대 만화의 아버지임에도 불구하고 시대에 뒤떨어진 유행처럼 천대받는다는 사실이다. 설상가상으로 현대의 많은 캐리커처는 내용 면에서 상업적 시대조류에 편승하려 안달이 났다. 풍자는 잃어가고 기교만 남았다. 그것이 도미에를 미치게 한다.

참고문헌

곰브리치, 차미례 옮김, 『예술과 환영』, 열화당, 1992.
데이비드 빈드먼, 장승원 옮김, 『윌리엄 호가드』, 시공사, 1998.
박홍규, 『오노레 도미에』, 소나무, 2000.
샹플뢰리, 정진국 옮김, 『풍자예술의 역사』, 까치, 2001.
아놀드 하우저, 백낙청 외 옮김, 『문학과 예술의 사회사』, 창작과 비평사, 1980.
존 바니콧, 김숙 옮김, 『포스터의 역사』, 시공사, 2000.
Aragon Les, *Collages*, Hermann éditeurs des sciences et des arts, 1993.
Benoît Peeters, *Case, planche, récit, lire la BD*, Casterman, 1991.
David Carrier, *The Aesthetics of comics*, The pennsylvania state university, 2000.
Enrique Lafuente Ferrari, *Goya*, Flammarion, 1961.
Frank Whitford, *Le Bauhaus*, Thames & Hudson, 1984.
Gilles Néret, *Aubrey Beardsley*, Taschen, 1998.
Herbert Read, *The Philosophy of Modern art*, Horizon press, 1953.
Ivo Kranzfelder, *George Grosz*, Benedikt Taschen, 1994.
James Parton, *History of Caricature*, Harper's magazine, 1875.
Jean-Luc Chalumeau, *Les Théories de l'art*, Vuibert, 1997.
John Willett, *Heartfield contre Hitler*, Hazan, 1997.
Lucy R. Lippard, *Le Pop Art*, Thames&Hudson, 1966.
Michel Ragon, *Le Dessin d'Humour*, Éditions du Seui, 1992l.
Nadeije Laneyrie-Dagen, *L'invention du corps*, Flammarion, 1997.
Serge Lemoine, *Dada, Hazan*, 1986.
Werner Kriegeskorte, *Arcimboldo*, Taschen, 2000.
Wolf-Dieter Dube, *The expressionists*, Thames & Hudson, 1972.
Yann Stewart-Whyte, *100 ans de peinture*, Editions ATLAS, 1997.

캐리커처의 역사

초판발행 2003년 11월 15일 | 2쇄발행 2008년 9월 5일
지은이 박창석
펴낸이 심만수 | 펴낸곳 (주)살림출판사
출판등록 1989년 11월 1일 제9-210호

주소 413-756 경기도 파주시 교하읍 문발리 파주출판도시 522-2
전화번호 영업 · (031)955-1350 기획편집 · (031)955-1357
팩스 (031)955-1355
이메일 book@sallimbooks.com
홈페이지 http://www.sallimbooks.com

ISBN 89-522-0151-5 04080
89-522-0096-9 04080 (세트)

값 9,800원